国家中等职业教育改革发展示范学校建设项目教学改革系列教材——
汽车运用与维修专业

汽车电控发动机构造与维修

主　编　罗柳健　黄　懿

副主编　杨　艳　邓宏霞　彭国华　曾祥飞

参　编　陈才连　谢越峰　韦　健　刘孝波

主　审　韦家壮

电子工业出版社

Publishing House of Electronics Industry

北京·BEIJING

内 容 简 介

本书主要介绍汽车发动机电子控制原理与结构，以发动机无法起动故障诊断、发动机怠速转速异常故障诊断、发动机怠速抖动故障诊断、发动机动力下降、油耗高故障诊断等典型案例进行撰写。突出操作性、实用性、简洁性。

本书适用于职业院校师生及社会在职人员。

未经许可，不得以任何方式复制或抄袭本书之部分或全部内容。
版权所有，侵权必究。

图书在版编目（CIP）数据

汽车电控发动机构造与维修/罗柳健，黄懿主编. —北京：电子工业出版社，2014.7
国家中等职业教育改革发展示范学校建设项目教学改革系列教材. 汽车运用与维修专业
ISBN 978-7-121-23745-4

Ⅰ.①汽… Ⅱ.①罗… ②黄… Ⅲ.①汽车－电子控制－发动机－构造－中等专业学校－教材②汽车－电子控制－发动机－车辆修理－中等专业学校－教材 Ⅳ.①U472.43

中国版本图书馆 CIP 数据核字（2014）第 146657 号

策划编辑：杨宏利
责任编辑：杨宏利　　责任编辑：赵红梅
印　　刷：北京虎彩文化传播有限公司
装　　订：北京虎彩文化传播有限公司
出版发行：电子工业出版社
　　　　　北京市海淀区万寿路 173 信箱　邮编 100036
开　　本：787×1 092　1/16　印张：10.5　字数：268.8 千字
版　　次：2014 年 7 月第 1 版
印　　次：2024 年 1 月第 10 次印刷
定　　价：28.00 元

凡所购买电子工业出版社图书有缺损问题，请向购买书店调换。若书店售缺，请与本社发行部联系，联系及邮购电话：（010）88254888，88258888。
质量投诉请发邮件至 zlts@phei.com.cn，盗版侵权举报请发邮件至 dbqq@phei.com.cn。
本书咨询联系方式：（010）88254592，bain@phei.com.cn。

前言

针对现在市场上品种繁多的教材与参考书，各汽车职业学校教学设备的差异性，出现的学校选教材难、学生学技能难的问题，本书打破传统教材的编排模式，采用项目教学法的教学思想，将最基本、最实用的电控发动机构造与维修的知识通过小篇幅的介绍，大量基本技能的训练，让学生在最短的时间内对电控发动机构造与维修有一整体的概念。同时该书也适合作为一线维修人员的参考书。

本书由柳州市交通学校的罗柳健、黄懿主编，由韦家壮主审，由杨艳、邓宏霞、彭国华、曾祥飞任副主编，陈才连、谢越峰参编，参加编写的还有柳州市教育局韦健，东风柳州汽车有限公司刘孝波。

本书在编写的过程中，得到了上汽通用五菱汽车股份有限公司、东风柳州汽车有限公司及许多汽车生产企业和维修企业的大力支持和协助，并参考了许多名家的著作，在此表示诚挚的感谢。

由于编者水平有限，加之经验不足，书中难免有谬误和疏漏之处，恳请广大读者批评指正。

编　者
2014 年 6 月

目 录

项目一　汽车发动机电子控制技术概述…………………………………………（1）
项目二　发动机无法起动故障……………………………………………………（16）
项目三　发动机怠速运转异常故障………………………………………………（63）
项目四　发动机怠速抖动故障……………………………………………………（92）
项目五　发动机动力下降、油耗高故障…………………………………………（139）

项目一

▶▶▶▶ 汽车发动机电子控制技术概述

老张有部心爱的2008年款五菱鸿途1.2L商用车行驶了4万公里，出现故障指示灯点亮、怠速不稳、油耗增大等现象，经4S店检测，判定为发动机电控系统故障。为完成维修任务，我们必须了解电控发动机的基本组成、工作原理、诊断及维修方法（图1-1）。

图1-1　五菱鸿途汽车

项目要求

时间要求：4学时。

质量要求：在满足厂家的生产规范及质量要求的前提下，熟练、快速地诊断与排除故障。

安全要求：严格按照安全操作规程进行项目作业。

文明要求：自觉按照文明生产规则进行项目作业。

环保要求：努力按照环境保护要求进行项目作业。

项目分析

一、汽油发动机燃油喷射系统的发展与应用

自从1967年博世（Bosch）公司研制开发成功了K型机械式汽油喷射系统以来，

汽油喷射系统经历了 K 型（机械式）系统、KE（机械与电子混合控制）型系统、EFI（电控燃油喷射）系统的发展过程。电控汽油喷射系统的发展史如图 1-2 所示。

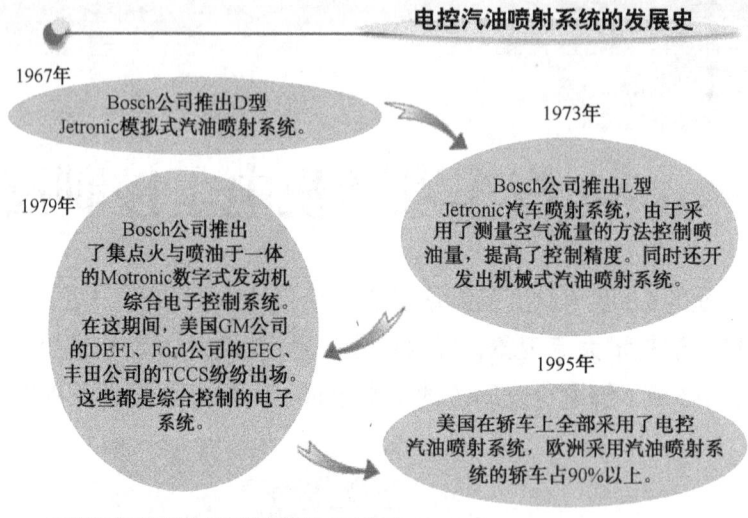

电控汽油喷射系统的发展史

1967年：Bosch公司推出D型Jetronic模拟式汽油喷射系统。

1973年：Bosch公司推出L型Jetronic汽车喷射系统，由于采用了测量空气流量的方法控制喷油量，提高了控制精度。同时还开发出机械式汽油喷射系统。

1979年：Bosch公司推出了集点火与喷油于一体的Motronic数字式发动机综合电子控制系统。在这期间，美国GM公司的DEFI、Ford公司的EEC、丰田公司的TCCS纷纷出场。这些都是综合控制的电子系统。

1995年：美国在轿车上全部采用了电控汽油喷射系统，欧洲采用汽油喷射系统的轿车占90%以上。

目前汽车工业发达的国家在汽油车上均采用汽油喷射系统，以满足日益严格的排放要求。

图 1-2　电控汽油喷射系统的发展史

1. 汽油喷射系统

汽油喷射系统根据发动机的运转速度、负荷水平、环境影响等因素，精确地计量供给发动机的燃油量，从而控制混合气的空燃比，使发动机废气排放中的有害物质含量保持在一个较低的水平。

1）运用连续喷射原理的多点喷射系统

1973—1995 年，K—Jetronic 机械液压汽油喷射系统被安装到多种汽车上。该系统根据进入发动机的空气量调节供油量。运用闭环控制的 K—Jetronic 系统可以满足废气排放量较低的控制标准。

为满足更高的性能要求，其中也包括为达到更高的排气质量，在 K—Jetronic 系统中，添加了一个 ECU、一个主压力调节器、一个用于控制混合气成分的压力调节器，发展形成了 KE—Jetronic 系统，此系统在 1982—1996 年间装车使用。

2）间歇式燃油喷射系统

L—Jetronic 系统是运用模拟技术的电子燃油喷射系统（1973—1986 年使用），它根据进入发动机的空气量、发动机转速及其他一些运行参数间歇地喷射燃油。

L3—Jetronic 是运用数字技术的控制系统，这种系统能够增加一些在模拟技术系统中无法实现的控制功能，从而使喷油量能更好地适应发动机各种工况的使用要求。

LH—Jetronic 系统（1981—1998 年）采用热线空气流量计，使空气—燃油混合气的计量不受环境状况的影响。

3）单点喷射间歇式燃油喷射系统

Mono—Jetronic 电子喷射系统（1987—1997 年）应用于中小型乘用车，单点喷油器直接装在节气门上部阀体的中心部位。这种系统也称节气门喷射（TBI）系统，发动机转速和节气门的位置是计量燃油喷射量的控制参数。

2. 点火系统

点火系统的功能是在正确的点火时刻点燃已压缩的混合气，引发混合气燃烧。在火花点火发动机（SI）中，点火是由穿透火花塞电极、瞬时放电产生的电火花来完成的。要使催化转化器有效发挥作用，绝对需要正确的点火时刻。混合气燃烧滞后会使燃烧不完全，从而使催化剂有中毒损坏的危险。随着时间的推移，电子元器件逐渐取代了点火系统中的机械部件。

点火时刻由发动机的速度和负荷状况计算得来，而发动机的负荷则由进气管压力换算得出。传统的线圈点火（1934—1986 年）和晶体管式线圈点火（1965—1993 年）运用机械控制点火时刻，半导体点火系统和半导体无分电器电子点火系统（1983—1998 年）运用点火特性脉谱图确定点火时刻。

3. Motronic 发动机管理系统

Motronic 将燃油喷射系统和点火系统组合在一起，形成发动机管理系统。在该系统中，一个基本的燃油喷射系统和一个电子点火系统一起构成了 Motronic 点火和燃油喷射系统的基础。

KE—Motronic 系统是以连续喷射 KE—Jetroric 系统为基础的。

Mono—Motronic 系统是以单点间歇喷射 Mono—Jetronic 系统为基础的。

M—Motronic 系统则是以多点间歇式进气管燃油喷射 L—Jetronic 系统为基础的，加入电子节气门控制（ETC）的 M—Motronic 系统形成了 ME—Motronic 系统。

MED—Jetronic 系统把汽油直接喷射、电子点火和 ETC 结合成一个单独的系统。

表 1-1 列出了 Bosch 公司汽油喷射和电子点火系统的发展史。

表 1-1 Bosch 公司汽油喷射和电子点火系统的发展史

汽油喷射系统	
D—Jetronic	1967—1979 年
K—Jetronic	1973—1995 年
L—Jetronic	1973—1986 年
LH—Jetronic	1981—1998 年
KE—Jetronic	1982—1996 年

续表

汽油喷射系统	
Mono—Jetronic	1987—1997 年
点火系统	
线圈点火（CI）	1934—1986 年
晶体管点火（TI）	1965—1993 年
半导体点火	1983—1998 年
点火和汽油喷射联合系统	
M—Motronic	1979 年至今
KE—Motronic	1987—1996 年
Mono—Motronic	1989 年至今

目前除少数汽车仍在采用 K 系统或 KE 系统外，大多数都采用了电控燃油喷射（EFI）系统。单点燃油喷射（SPI）系统因其结构较简单，只用一个喷油器，发动机结构在化油器式的基础上变动较少，成本较低，故国内外现在已经迅速推广应用在小排量的普通轿车甚至载货汽车上。大排量的轿车大多采用多点喷射（MPI）系统。

目前代表国际中级轿车顶尖水平的第 5 代车型，如奥迪 A6 和帕萨特（PASSAT）B5 等都采用了多点电控喷射系统。而且它们还采用了德国大众集团独有的领先于世界的三大技术，即 5 气门技术、可变配气相位技术和可变进气管技术。以前汽车都采用每汽缸 1 进气门 1 出气门的 2 气门发动机，现代轿车多数采用 2 进 2 出的 4 气门发动机，而 5 气门发动机技术是采用 3 进 2 出的方法，在每个燃气室有 5 个气门，使燃气混合更快更均匀，排气也更迅速更彻底，燃烧室的空间可以得到更充分的利用。因此，发动机的动力性将得到提高，废气排放将大大减少。可变凸轮轴通过改变进、排气门的开启和关闭时间（可变配气相位），使发动机可在高转速工况下获得尽可能高的功率，在低转速的情况下可极大地降低燃烧不平稳性，提高转矩。采用可变通的通道进气管，即随发动机的转速和负荷改变进气路径长短：高转速时，通道变短，减少流动损失，提高高速功率；低转速时，进气通道变长，提高进气流速，增加转矩。

日本日立（HITACHI）公司近年来开发了一种 MSI（Multi Stream Injection）系统，即单点多方向喷射系统。它采用一个喷油器同时向各缸的进气歧管喷射，因此性能要比 SPI 系统强，成本比 MPI 系统要低。而且发动机的质量小，约为 2kg，比 SPI 系统的 3.4kg 及 MPI 系统的 5kg 都要小得多。虽然其排放性能比 MPI 系统差，但还是可以达到欧盟 3 号标准。目前正将该系统推广应用在小排量的 3 缸普及型轿车和微型车上。

近年来，高档豪华轿车有采用直喷（Direct Injection，DI）系统的趋势。该系统最早由日本三菱公司研制开发，它是将喷油器安装在每个汽缸的燃油室上方，燃油直接喷入汽缸内进行混合燃烧，一般喷射系统的喷射压力为 250kPa，而 DI 系统的喷射压力可达到 5MPa 以上。由于压力增大，因而燃烧更充分，效率更高，可以节约燃料 20% 以上，并能满足 2005 年开始实施的欧盟 4 号排放规定。但是由于它必须使用低硫汽油，其目前的应用还受到一定限制。汽油直喷式发动机的开发成功为制造出更节能、更干净的汽车提供了良好的开端。缸内直喷特别是四冲程汽油机缸内直喷是当前轿车汽油喷射中的前沿技术，电控燃油直喷式发动机将成为 21 世纪汽车发动机的主流。

二、汽油发动机燃油喷射系统的种类与特点

1. 电控燃油喷射系统的分类

1）按喷射方式分类

电控控油喷射系统按喷射方式分类如图 1-3 所示。

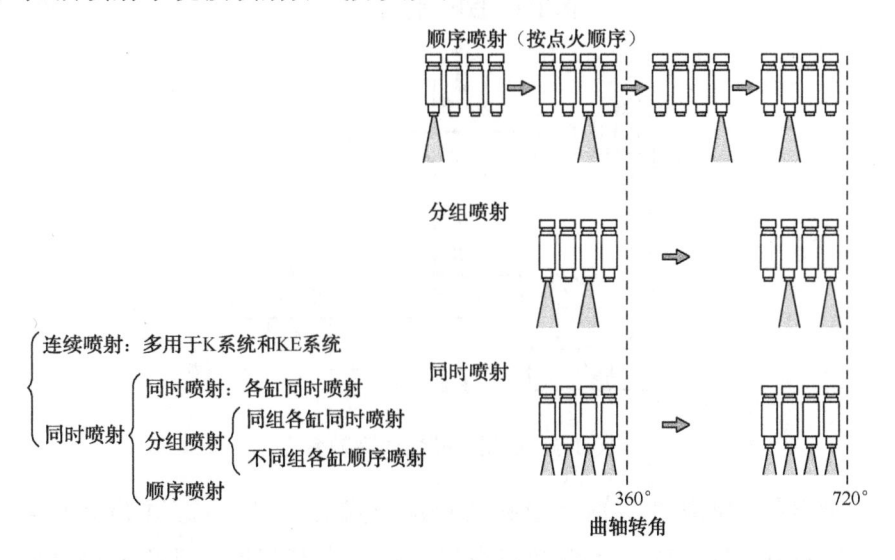

图 1-3 按喷射方式分类

2）按喷射位置分类

电控燃油喷射系统按喷射位置分类如图 1-4 所示。

3）按空气量的检测方式分类

按空气量的检测方式来分，电控燃油喷射系统可以分为以下两大类。

（1）D 型电控燃油喷射系统（间接式检测方式）："D" 是德语 Druck（压力）的第一个字母。D 型电控燃油喷射系统利用绝对压力传感器检测进气管内的绝对压力，计算机根据进气管内的绝对压力和发动机转速推算出发动机的进气量，再根据进气量和发动机转速确定基本喷油量，如图 1-5 所示。

缸内喷射

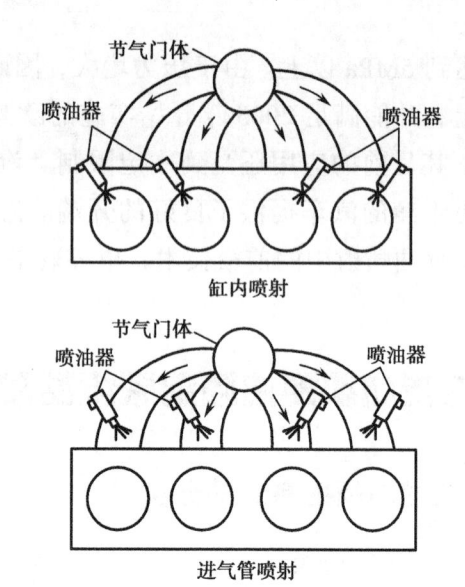

缸内喷射：多点喷射（MPI）
进气管喷射 { 单点喷射（SPI）
               多点喷射（MPI）

进气管喷射

图 1-4　按喷射位置分类

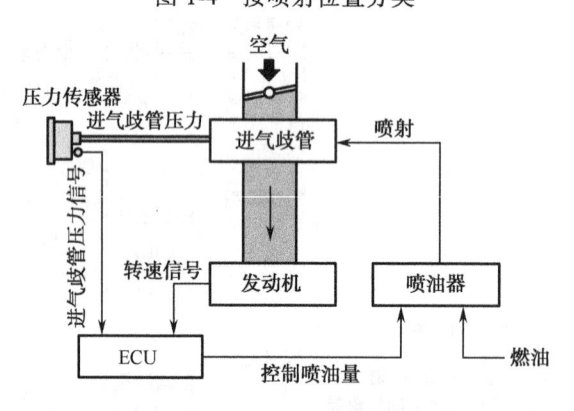

图 1-5　D 型电控燃油喷射系统

（2）L 型电控燃油喷射系统（直接式检测方式）："L"是德语 Luft（空气）的第一个字母。L 型电控燃油喷射系统利用空气流量计直接测量发动机的进气量，计算机不必进行推算，即可根据空气流量计信号计算与该空气量相应的喷油量。由于消除了推算进气量的误差影响，其测量的准确程度高于 D 型，故对混合气浓度的控制更精确，如图 1-6 所示。

4）按有无反馈信号分类

电控燃油喷射系统按有无反馈信号可分为开环控制系统和闭环控制系统。

（1）开环控制系统（无氧传感器）：将通过实验确定的发动机各工况的最佳供油参数预先存入计算机，在发动机工作时计算机根据系统中各传感器的输入信号，判断自身所处的运行工况，并计算出最佳喷油量。通过对喷油器喷射时间的控制来控制混合气的浓度，使发动机优化运行，如图 1-7 所示。

图 1-6　L型电控燃油喷射系统

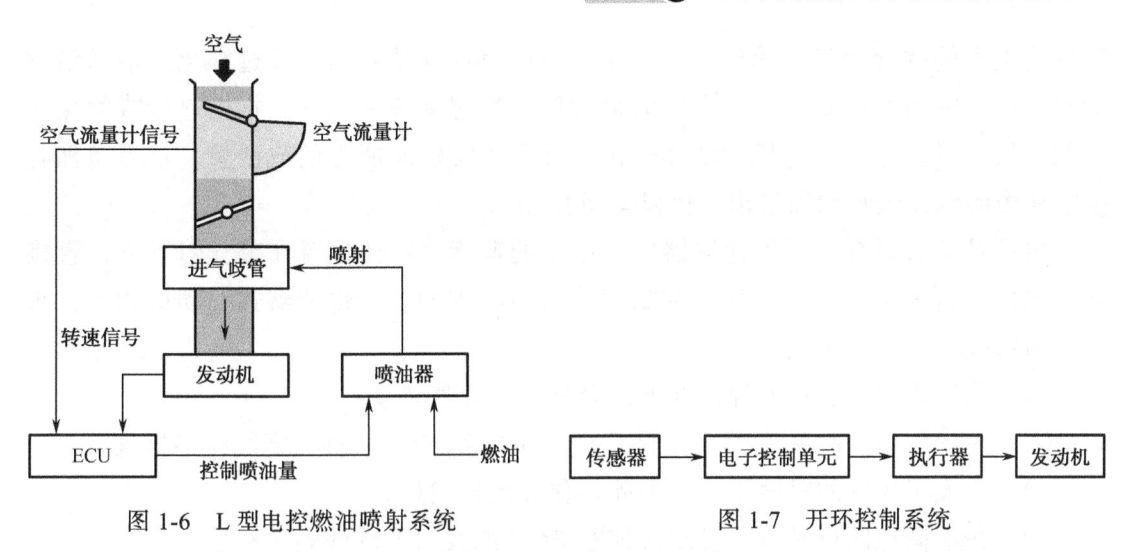

图 1-7　开环控制系统

开环控制系统按预先设定在计算机中的控制规律工作，只受发动机运行工况参数变化的控制，简单易行。但其精度直接依赖于所设定的基准数据和喷油器调整标定的精度。当喷油器及发动机的产品性能存在差异，或由于磨损等引起性能参数变化时，就不能使混合气准确地保持在预定的浓度（空燃比）上。因此，开环控制系统对发动机及控制系统各组成部分的精度要求高，抗干扰能力差，当使用工况超出预定范围时，不能实现最佳控制。

（2）闭环控制系统（有氧传感器）：在该系统中，发动机排气管上加装了氧传感器，根据排气中含氧量的变化，判断实际进入汽缸的混合气空燃比，再通过计算机与设定的目标空燃比进行比较，并根据误差修正喷油器喷油量，使空燃比保持在设定的目标值附近，如图 1-8 所示。

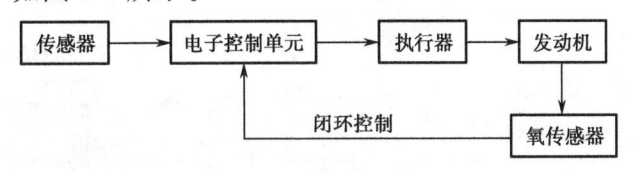

图 1-8　闭环控制系统

闭环控制系统可达到较高的空燃比控制精度，并可消除因产品差异和磨损等引起的性能变化，工作稳定性好，抗干扰能力强；但是，为了使排气净化达到最佳效果，只能运行在理论空燃比 14.7 附近。对起动、暖机、加速、怠速、满负荷等特殊工况，仍须采用开环控制，使喷油器按预先设定的加浓混合气配比工作，以满足发动机特殊工况的工作要求。所以，目前普遍采用开环和闭环相结合的控制方案。

2. 电控燃油喷射系统的优点

汽油喷射系统的实质就是一种新型的汽油供油系统。化油器利用空气流动时在节气门上方的喉管处产生的负压，将浮子室的汽油连续吸出，经过雾化后输送给发动机。汽油喷射系统则是通过采用大量的传感器感受各种工况，根据直接或间接检测的进气信号，经过计算机判断和分析，计算出燃烧时所需的汽油量，然后将加有一定压力的汽油经喷油器喷出，供发动机使用。

电控发动机系统取消了化油器供油系中的喉管，喷油位置在节气门下方，直接在进气门附近或缸内，由计算机控制喷油器精确供油。与化油器式发动机相比，汽油喷射系统具有以下优点：

（1）能提供发动机在各种工况下最合适的混合气浓度；

（2）用排放物控制系统后，降低了 HC、CO 和 NO_X 三种有害气体的排放；

（3）增大了燃油的喷射压力，因此雾化效果比较好；

（4）在不同地区行驶时，发动机控制 ECU 能及时准确地做出补偿；

（5）在汽车加减速行驶的过渡运转阶段，燃油控制系统能迅速做出反应；

（6）具有减速断油功能，既能降低排放，也能节省燃油；

（7）在进气系统中，由于没有像化油器那样的喉管部位，因而进气阻力小；

（8）发动机起动容易，暖机性能得到提高。

三、汽油发动机燃油喷射系统的组成与功用

电控燃油喷射系统主要由燃油供给系统、空气供给系统、电子控制系统组成。汽油发动机燃油喷射系统的组成如图 1-9 所示。

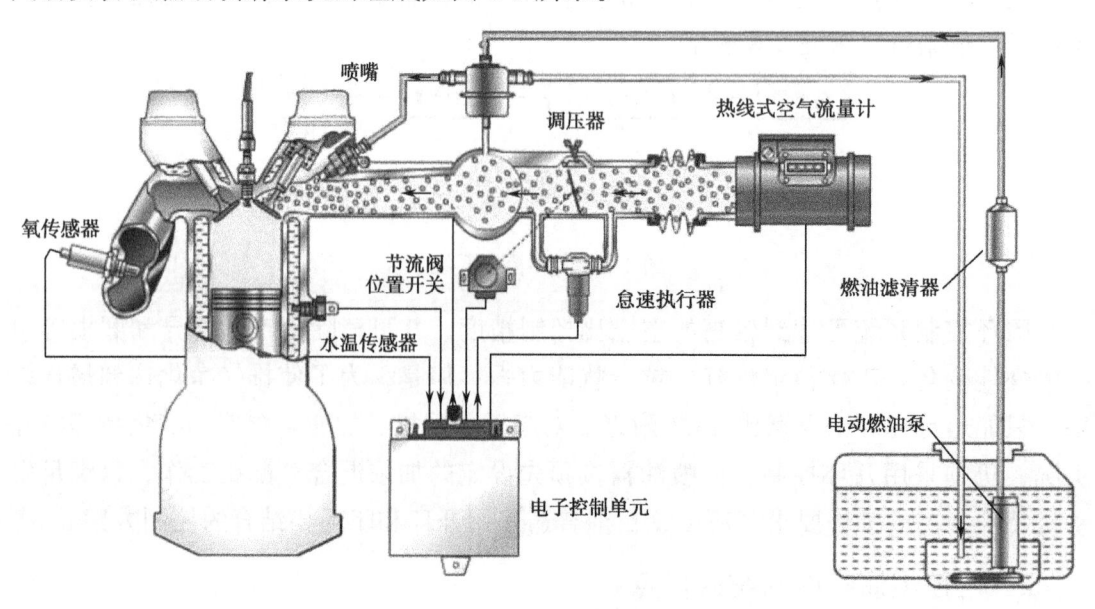

图 1-9 汽油发动机燃油喷射系统的组成

1. 燃油供给系统

1）作用

燃油供给系统的作用是向发动机精确提供各种工况下所需要的燃油量。

2）组成

燃油供给系统主要由电动燃油泵、燃油滤清器、燃油压力脉动阻尼器、燃油压力调节器、喷油器和燃油管路等组成，如图1-10和图1-11所示。

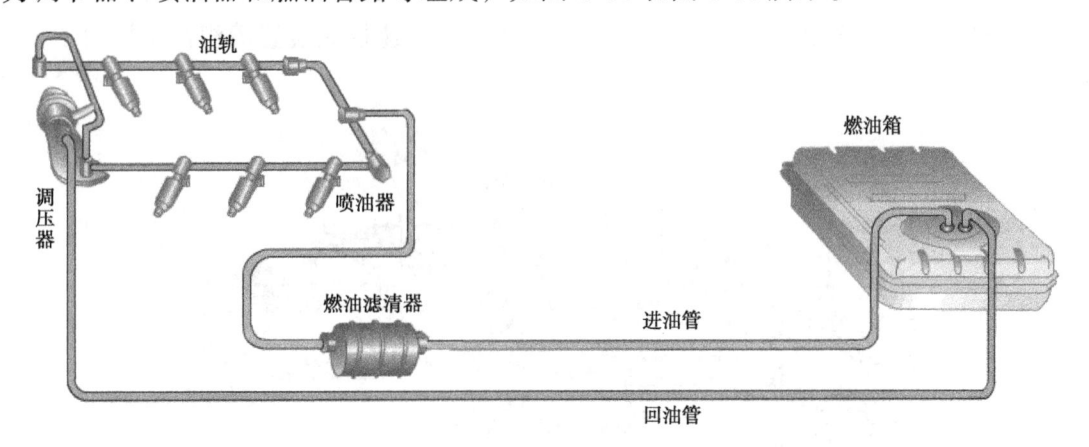

图1-10 燃油供给系统的组成

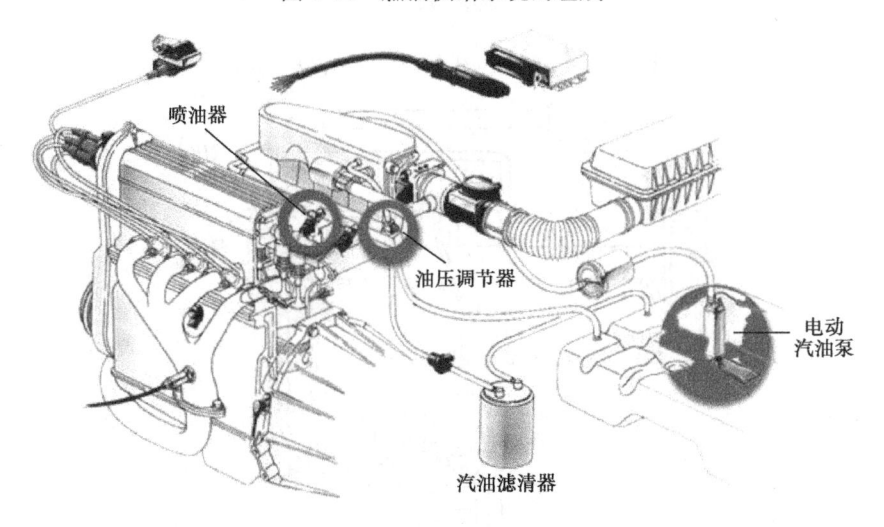

图1-11 燃油供给系统在车上的安装

3）工作过程

电动燃油泵把汽油从油箱中泵出，经过燃油滤清器滤去杂质，再通过燃油总管分配到各个喷油器。燃油压力调节器保证喷油器两端压差恒定，使喷油量只受喷油时间长短的影响，提高喷油量控制精度。有些车安装有燃油压力脉动阻尼器，它可以减小燃油管路中油压的波动（由于燃油泵输出压力周期性变化，喷油器喷油时引起油压变化）。

2. 空气供给系统

1）作用

提供、测量和控制汽油燃烧时所需要的空气量。

2）组成

空气供给系统主要由空气滤清器、节气门体、旁通空气道、进气总管、进气歧管、节气门位置传感器、进气压力（流量）传感器、怠速控制装置等组成，如图1-12、图1-13所示。

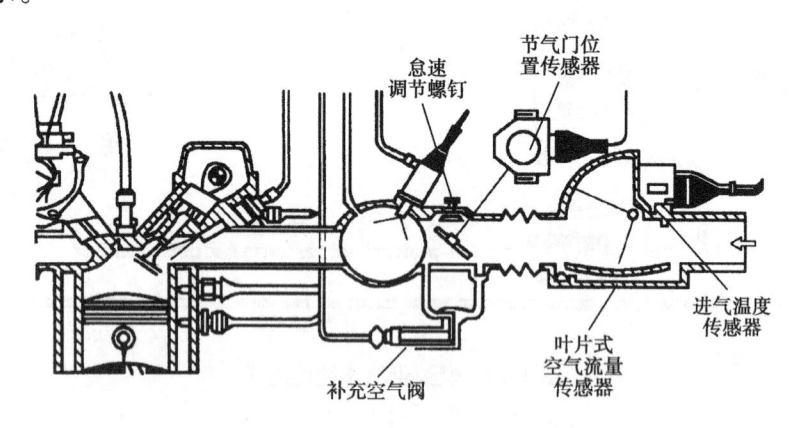

图1-12 L型空气供给系统的结构与组成

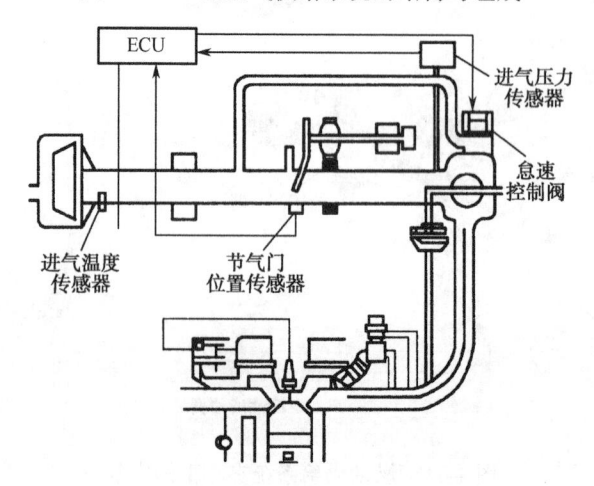

图1-13 D型空气供给系统的结构与组成

3）工作过程

以叶片式空气流量传感器为例，如图1-12所示，气流对测量叶片的作用力增大，叶片偏转角度增大，与叶片转轴同轴的电位计转动，使电位计阻值发生变化，从而把进气流量的变化转化成电量参数的变化，实现对进气量的测量。

3. 电子控制系统

1）作用

实时采集发动机运行中的各种参数，经电控单元计算处理后，输出控制信号控制执行器动作，实现所需的预定功能。

2）组成

电子控制系统主要由各传感器和开关、汽车计算机 ECU、各执行器组成，如图 1-14 所示。

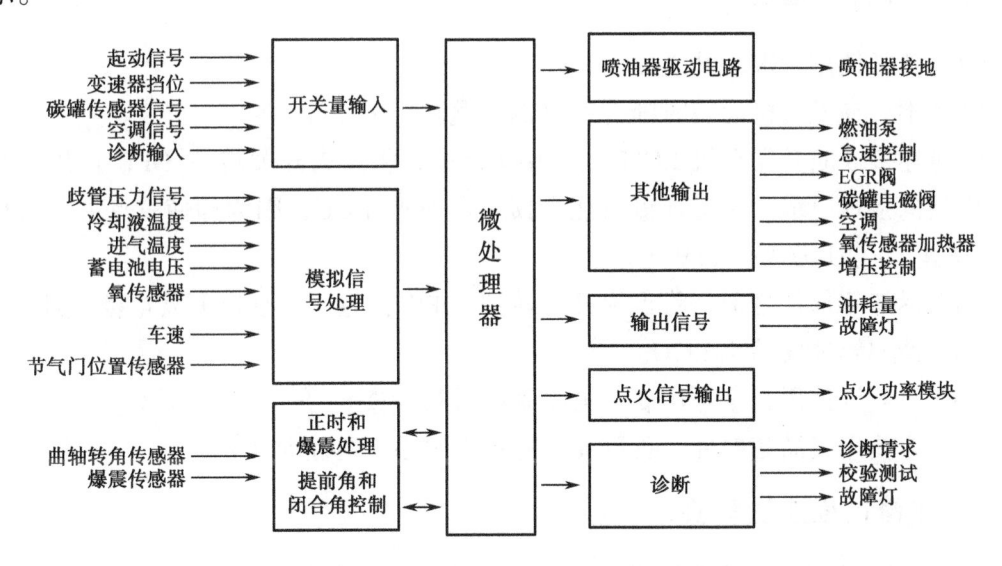

图 1-14 电子控制系统的基本组成

传感器的作用是将发动机的工况及状态、汽车行驶工况和状态等物理量转变为电信号，输送给 ECU，主要有空气流量传感器、曲轴位置传感器、发动机转速传感器、节气门位置传感器、氧传感器和爆震传感器等。

执行器用以执行发动机 ECU 发出的各种控制指令。执行器主要有电动燃油泵、喷油器、怠速控制（ISC）阀、废气再循环（EGR）阀及自诊断系统等。

控制器是电子控制系统的核心。它主要由中央处理器（CPU）、随机存储器（RAM）、只读存储器（ROM）、输入和输出接口电路、驱动电路和固化在 ROM 中的发动机控制程序等组成。

3）电子控制系统工作原理

发动机电控单元根据进气流量或进气管绝对压力、发动机转速、冷却液温度、进气温度、节气门位置等传感器输入的信号，与存储在 ROM 中的参考数据进行比较，从而确定在该状态下发动机所需的喷油量、喷油正时和最佳点火提前角。存储在 ROM 中的参考数据是通过大量的发动机及整车实验所获得的优化数据。

在发动机状态信号中进气流量或进气管绝对压力和转速信号是两个主要参数，它们决定该工况下的基本燃油供给量和基本的点火提前角。其他各种参数起修正作用，如冷却液温度修正、进气温度修正、大气压力修正、蓄电池电压修正、节气门变化速率（加减速）修正、排气中氧含量修正等。

四、发动机控制系统注意事项

1. 使用注意事项

（1）务必使用 12V 蓄电池。

（2）不要在发动机运转时断开蓄电池电缆。

（3）连接或断开发动机 ECU 线束接头之前，将点火开关转到 OFF 位置，并断开蓄电池的接地电缆。不这样做可能会损坏发动机 ECU，因为即使将点火开关转到 OFF 位置，ECU 仍然有 12V 电压。

（4）拆卸零部件之前，将点火开关转到 OFF 位置，然后断开蓄电池接地电缆。

（5）请勿解体发动机 ECU。

（6）只允许使用数字万用表对电喷系统进行检查。

（7）应使用正品零部件，否则无法保证电喷系统的正常工作。

2. 维修过程注意事项

（1）不要随意将电喷系统的任何零部件或其接插件从其安装位置上拆下，以免意外损坏或使水分、油污等异物进入接插件内，影响电喷系统的正常工作。

（2）当断开和接上接插件时，一定要将点火开关置于关闭位置，否则会损坏电器元件。

（3）在进行故障的热态工况模拟和其他有可能使温度上升的维修作业时，决不要使电子控制单元的温度超过 80℃。

（4）电喷系统的供油压力较高（350kPa 左右），所有燃油管路都采用耐高压燃油管。即使发动机没有运转，油路中也保持较高的燃油压力。所以在维修过程中要注意不要轻易拆卸油管，在需要对燃油系统进行维修的场合，拆卸油管前应对燃油系统进行卸压处理，卸压方法如下：拆下燃油泵继电器，起动发动机使其怠速运转，直到发动机自行熄灭。油管的拆卸和燃油滤清器的更换应在通风良好的地方由专业维修人员进行。

（5）从燃油箱中取下电动燃油泵时不要给油泵通电，以免产生电火花，引起火灾。

（6）燃油泵不允许在干态下或水里进行运转试验，否则会缩减其使用寿命。另外，燃油泵的正负极切不可接反（存在安全隐患）。

（7）对点火系统进行检查时，只有在必要的时候才进行跳火试验。在进行跳火试验时必须断开喷油器插头，否则会导致大量未燃烧的汽油进入排气管，损坏三元催化器。

（8）怠速的调节完全由电喷系统完成，不需要人工调节。

（9）连接蓄电池时蓄电池的正负极不能接错，以免损坏电子元件。

（10）在汽车上实施电焊前，必须将蓄电池正极、负极电缆线及电子控制单元拆卸下来。

（11）不要用刺穿导线表皮的方法来检测零部件输入和输出的电信号。

（12）应遵守规范的维修诊断流程进行维修作业。

（13）树立环境保护意识，对维修过程中产生的废弃物进行有效处理。

能力训练：电控燃油喷射系统的组成

1. 实训目标

熟悉控制单元、各输入与输出装置的外形和安装位置。

2. 实训工具与设备

风行景逸电控发动机或车辆若干台。

3. 实训内容与步骤

（1）实训内容：按所给系统在实训设备上正确识别相关的部件，并将结果记录在表1-2中。

（2）实训步骤：将全班学生分为若干小组，每小组负责一种控制系统的元件查找工作。

表 1-2　电控燃油喷射系统的组成情况记录

所属系统	序 号	名 称	作 用	安装位置
燃油供给系统	1			
	2			
	3			
	4			
	5			
	6			
空气供给系统	1			
	2			
	3			

续表

所属系统	序号	名称	作用	安装位置
空气供给系统	4			
	5			
	6			
电子控制系统	1			
	2			
	3			
	4			
	5			
	6			
	7			
	8			

项目评价（1学时）

考核方式：现场考核，2人一组进行。
评价标准：见表1-3。

表1-3 评分表

项目编号：

姓名：＿＿＿＿＿＿＿＿＿ 学号：＿＿＿＿＿＿＿＿＿

作业开始时间：＿＿时＿＿分 作业结束时间：＿＿时＿＿分 作业用时：＿＿＿＿

序号	项目	评分项目	评价标准	分数	学生自评	小组互评	教师评价
1	时间要求	按规定时间完成项目作业	酌情扣1～6分	6			
2	质量要求	能在发动机上正确指出燃油系统各部件	错漏1处扣2分	12			
3		能正确说出三个以上燃油系统部件的作用	错漏1处扣5分	15			
4		能在发动机上正确指出空气系统各部件	错漏1处扣2分	12			

续表

序号	项目	评分项目	评价标准	分数	学生自评	小组互评	教师评价
5		能正确说出两个以上空气系统部件的作用	错漏1处扣5分	10			
6		能在发动机上正确指出电子控制系统各部件	错漏1处扣2分	20			
7		能正确说出三个以上电子控制系统部件的作用	错漏1处扣5分	15			
8		工作现场	出现不文明现象，酌情扣1~10分	10			
总分				100			

项目二

▶▶▶▶ 发动机无法起动故障

维修车间接到一辆五菱鸿途汽车（发动机型号为B1Z），用户反映该车起动机运转正常，发动机无法起动，且无着车征兆。为完成维修任务，我们必须了解发动机如何才能正常起动，如何检查各系统是否正常（图2-1）。

图2-1　汽车出现故障

项目要求

时间要求：38学时。
质量要求：在满足厂家的生产规范及质量要求的前提下，熟练、快速地诊断与排除故障。
安全要求：严格按照安全操作规程进行项目作业。
文明要求：自觉按照文明生产规则进行项目作业。
环保要求：努力按照环境保护要求进行项目作业。

项目分析

发动机无法起动是发动机的典型故障。如果出现了不能起动且无着车征兆的故障，原因很可能是发动机点火系统、燃油系统或控制系统中一个或多个系统丧失功能。因此，在故障诊断与排除过程中，应主要针对以上三个系统。起动系统、进排气系统和发动机机械部分故障也可能导致发动机无法起动,本项目不论述该部分内容,读者可参见汽车电气、发动机机械部分及本书的相关部分。

一、控制部分故障分析

控制部分主要装置是 ECU 和相关传感器。影响发动机起动的传感器主要有曲轴位置传感器、凸轮轴位置传感器,此外还有冷却液温度传感器和进气压力传感器。本项目主要介绍 ECU、曲轴位置传感器、凸轮轴位置传感器的原理与检修。

二、点火系统故障分析

点火系统故障导致发动机不能起动的主要原因是点火系统不能点火。所以诊断故障时,首先要检查高压线是否有火花,确认点火系统是否存在故障。

造成点火无火花故障的原因通常有:火花塞故障、点火线圈故障、点火模块故障、点火控制线路连接不良、传感器故障。点火系最容易损坏的零件是火花塞,应重点检查。传感器故障需要使用诊断仪读取故障码。

三、供给系统故障分析

供给系统中的燃油系统和进排气系统,为发动机提供基本的动力原料。供给系统正常工作是保证发动机良好运行的关键。燃油系统不供油和进气系统不供气,均会造成发动机无法起动。

燃油系统故障主要是燃油系统无油压。故障原因可能是油箱中无油、电动燃油泵故障、喷油器故障。

进排气系统故障主要是进气堵塞。如果空气滤清器堵塞严重,甚至堵死,则会造成发动机无法起动。另外,排气不畅同样会造成发动机无法起动。

本项目主要介绍燃油系统的检修,进排气系统请参见相关项目。

项目路径

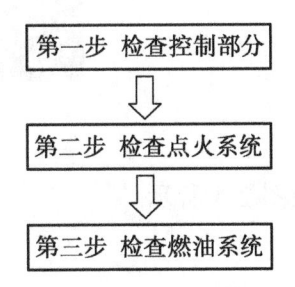

第一步 检查控制部分
↓
第二步 检查点火系统
↓
第三步 检查燃油系统

项目步骤

第一步：检查控制部分

控制部分主要检查电控单元（ECU）是否工作，是否有转速信号等。重点是ECU电源电路、曲轴位置传感器、凸轮位置传感器等。

理论链接 1：电控单元（ECU）的安装位置、功用及原理

1. ECU 的安装位置

（1）安装在发动机仓内，如图 2-2 所示。

（风行景逸 1.5L、1.6L 系列）

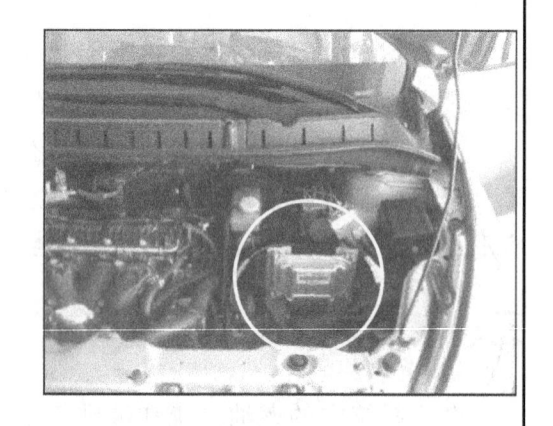

图 2-2　安装在发动机仓内

（2）安装在副驾驶座椅下，如图 2-3 所示。

（五菱之光、荣光系列）

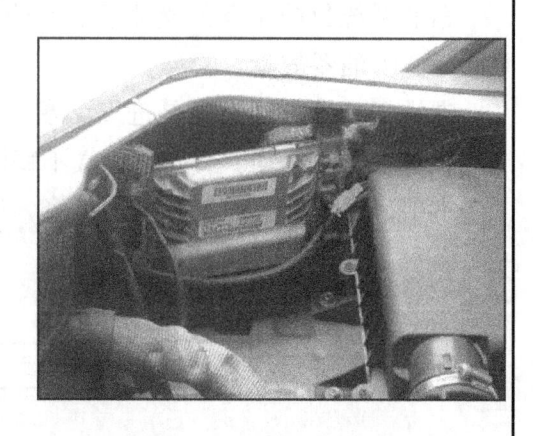

图 2-3　安装在副驾驶座椅下

（3）安装在仪表台下，如图 2-4 所示。

（风行景逸 1.8T）

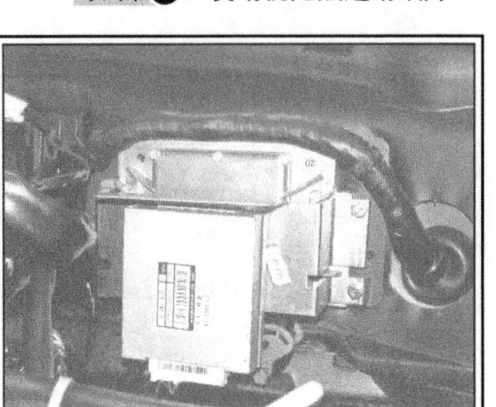

图 2-4　安装在仪表台下

2. ECU 的作用

（1）接受传感器或其他装置的输入信号，并将输入信号转换成计算机能够处理的信号，如将模拟信号转换成数字信号。

（2）给传感器提供参考电压，如 2V、5V、9V、12V。

（3）存储运行信息和故障信息，分析输入信息并进行相应的计算处理。

（4）输出执行命令。

（5）输出故障信息，如故障代码、数据流等。

（6）完成多种功能。如在发动机控制中，计算机可完成点火控制、燃油喷射控制、怠速控制、排放控制、进气控制、增压控制等多种功能。

（7）故障自诊断与保护功能。

3. 电控单元的工作方式

对于任何一个控制系统来说，其主要都是由传感器、控制单元及执行器组成。传感器的主要作用是将各种信号（如体积、质量、温度、位置、速度等）转换为电信号，输送给控制单元。控制单元再对信号进行处理，通过放大驱动电路对相应的执行器进行控制。对电控发动机而言，ECU 主要收集转速及空气量等信号，经过分析及处理，控制喷油器在适当的时刻喷出适量的、雾化性足够好的油雾，同时控制点火系统工作，也即在最佳时刻让火花塞产生足够强的集中的火花。

在整个控制系统中，控制单元是核心，下面首先分析及简单地判断控制单元是否能进行一些基本的工作。

对于电视机，用户想要欣赏不同的节目，首先要开机，而要开机，就要给电视机通电，通过遥控器的转换，即可获得不同的频道。发动机的控制单元也是一样，想要让它工作，就必须对它合理供电，对于汽车上电气元件的供电主要就是提供电源及搭铁（图 2-5）。

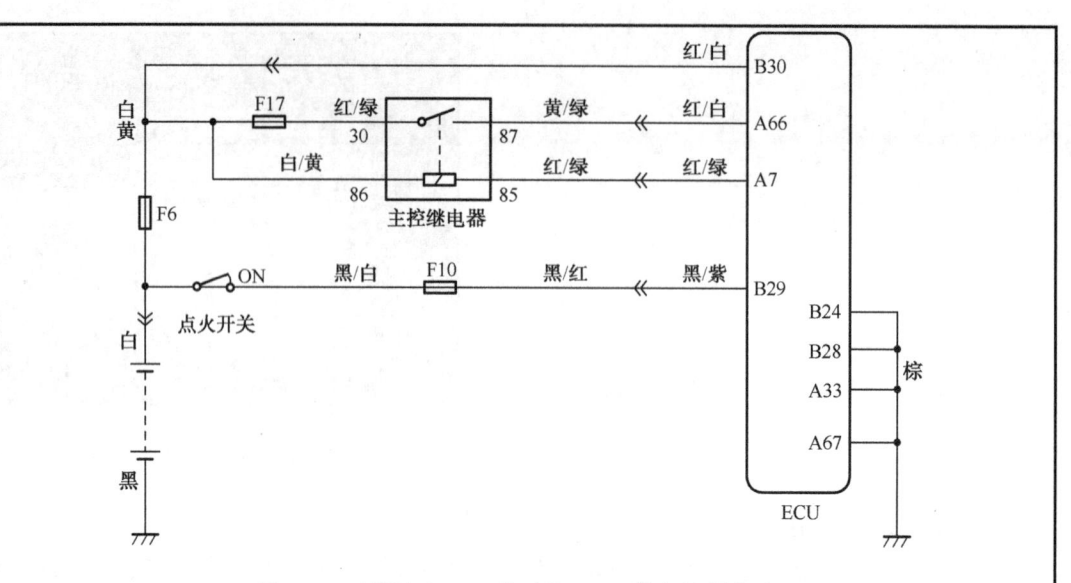

图 2-5　五菱鸿途 B12 发动机 ECU 供电控制方式

4. ECU 的常见电源

1）常火线（BATT）

蓄电池通过 F6 熔丝向发动机 ECU 的 B30 端子供电，此电源一般用于存储故障代码，即使关闭点火开关，ECU 的记忆电路还是保持在通电工作的状态。

2）点火开关控制火线（IGSW）

蓄电池通过接通的点火开关，经过 F10 熔丝向发动机 ECU 的 B29 端子供电，此端子在点火开关接通以后才有电源。此电源一般为触发 ECU 的控制功能而设，如控制油泵预供油等。

3）主继电气输出电源（+B）

当打开点火开关后，IG 电源激活 ECU 的部分功能，在这里主要是激活主继电气的控制电路，即通过 ECU 的 A7 端子控制主继电气的线圈搭铁，主继电气的触点闭合，发动机 ECU 的 B66 端子获得电源，使 ECU 处于预控状态，当有信号输入时，即会瞬时处理，输出相应的控制命令。

5. ECU 的常见搭铁

对于发动机 ECU 的搭铁，常见的有以下两种形式。

1）主搭铁（E0）

主要作用是给 ECU 提供让其能静态工作的搭铁。为了保证搭铁良好，搭铁线通常不少于 2 根。

2）传感器及执行器的搭铁（E2 及 E1）

发动机想要起动，还必须有传感器及执行器的搭铁（E2 及 E1），主要提供发动机 ECU 动态工作的搭铁，这两种搭铁其实在发动机 ECU 内是连成一点的，如缺少这样的搭铁线，就会造成发动机无法起动着车，如无高压电控制、无喷油控制或无油电控制。但现在的发动机ECU一般将所有的搭铁点在ECU内连成一片。

当然，各公司不同时期及不同目的下生产出来的产品不尽相同，并且电子产品在不断更新，所以对于发动机ECU不能一概而论。例如，前几年摩托罗拉产品就只有一根点火开关控制的火线，也能够实现故障的存储功能；联合电子控制系统缺少常火线（BATT）及点火开关火线（IGSW）无法着车，而现在多数产品，如摩托罗拉系统只要有主继电气火线（+B）也可着车。

但无论采取什么样的控制系统，当发动机ECU供电（足够的电源及搭铁）正常后，都有一些常见的、共有的现象。

实践操作1：检查判断ECU是否在工作

1. 故障指示灯点亮情况的检查

（1）打开点火开关，故障指示灯应点亮；若不点亮，则可能是故障指示灯电路或ECU有故障。

（2）发动机着车后故障指示灯应熄灭；若故障指示灯不熄灭，则说明发动机电控系统存在故障，应用诊断仪读取故障代码以确定故障范围（图2-6）。

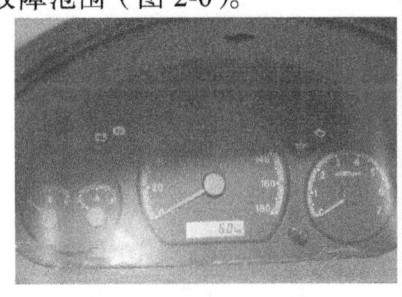

图2-6 检查故障指示灯

2. 主继电气工作情况的检查

（1）打开点火开关。

（2）主继电气工作，触点有吸合的声音。

（3）关闭点火开关后，主继电气延时5~15s后断电（图2-7）。

图2-7 检查主继电气

3. 燃油泵继电气工作情况的检查

（1）打开点火开关。

（2）燃油泵继电气工作，触点有吸合的声音。

（3）约 2s 后，燃油泵继电气断电，触点有断开的声音（图 2-8）。

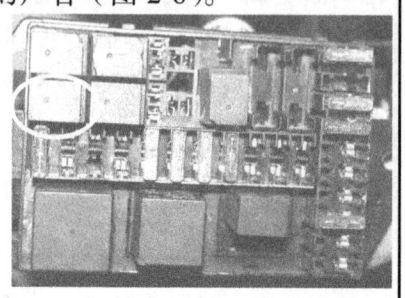

图 2-8　检查燃油泵继电气

4. ECU 5V 电源输出情况的检查

（1）取下进气压力传感器插头。

（2）打开点火开关，使用万用表测量进气压力传感器电源线电压。

（3）该电压应为 5V，若不正常则可能是线路或 ECU 故障（图 2-9）。

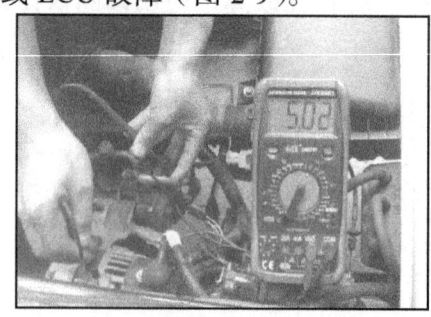

图 2-9　检查 ECU 电源输出情况

5. ECU 与诊断仪通信情况的检查

（1）有故障代码，则按故障代码提示检查相关部位。

（2）无法与发动机 ECU 建立通信，则应检查 ECU 的相关供电电路（图 2-10）。

图 2-10　检查通信情况

项目二　发动机无法起动故障

通过以上 5 个方面的检查，若结果都正常，则可以基本判断发动机 ECU 没有大的故障，一般能出现着火的迹象，甚至可以着车运转。

实践操作 2：ECU 电源电路检测

1. 拆装 ECU

（1）断开蓄电池负极电缆。

（2）将 ECU 固定螺栓拆除（图 2-11）。

图 2-11　拆除固定螺栓

（3）将 ECU 与线束分离（图 2-12）。

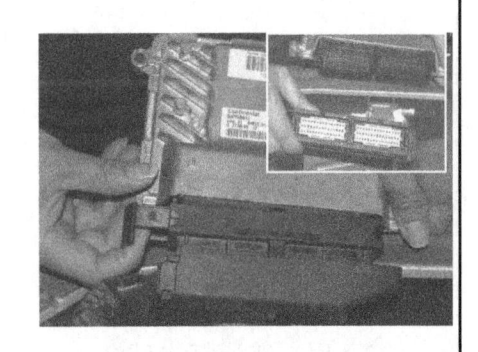

图 2-12　将 ECU 与线束分离

（4）安装流程与拆卸相反。

2. ECU 各熔丝检测

（1）找到 ECU 电路各熔丝（图 2-13）。

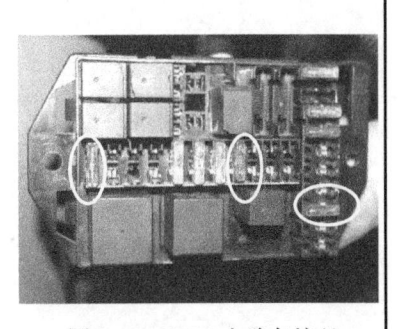

图 2-13　ECU 电路各熔丝

（2）用试灯检查各熔丝（图2-14）。

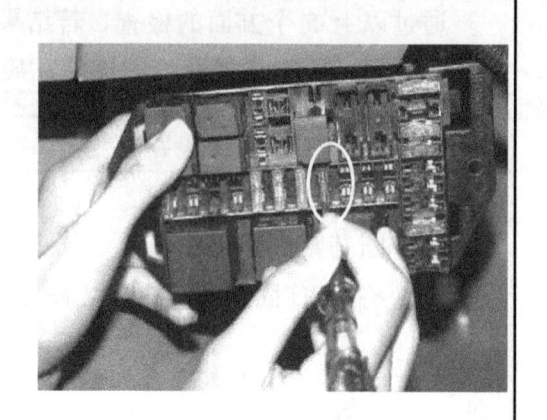

图2-14　检查各熔丝

3. 主继电气检测

（1）将继电气中距离较近的一个触点脚与一个线圈脚同时接触蓄电池正极（图2-15）。

图2-15　用触点脚与线圈脚同时接触蓄电池正极

（2）用一普通灯泡试灯，一端夹蓄电池负极，另一端触继电气余下的线圈脚，听到继电气响，触点闭合（图2-16）。

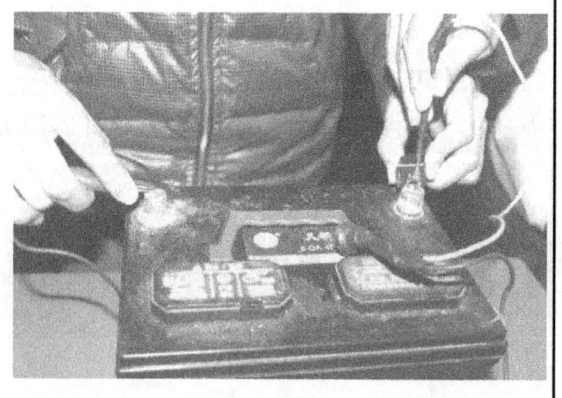

图2-16　利用普通灯泡试灯，给线圈通电

（3）用一试灯，一端夹蓄电池负极，另一端触继电气余下的触点脚，该试灯若点亮，说明继电气正常；若不亮，则说明继电气不正常（图2-17）。

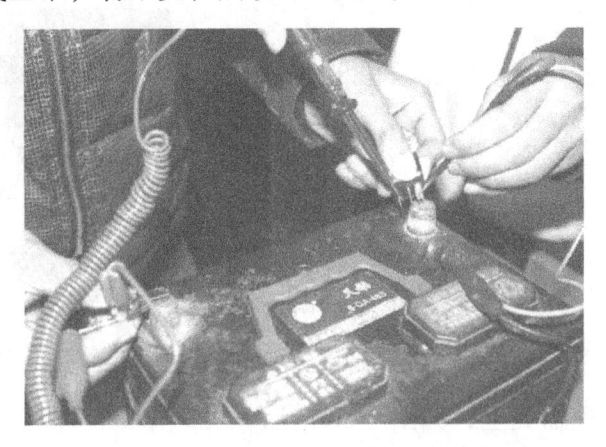

图2-17 检查触点是否正常闭合导电

4. ECU正极、搭铁检测

（1）将点火开关旋至ON位置，观察仪表，发动机故障指示灯应点亮。若不亮，在发动机故障指示灯及其电路正常的情况下应检查ECU常火线（BATT）、点火开关控制线（IGSW）、搭铁线（图2-18）。

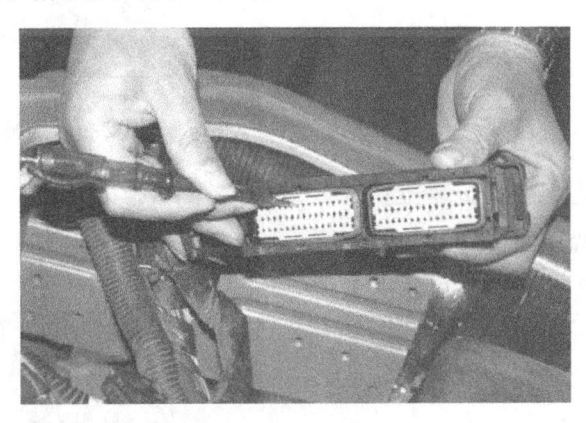

图2-18 检查相关线路

（2）将点火开关旋至ON位置，检测喷油器电源线应有12V电压；且拔下主继电气时，喷油器电源线电压小于2V。符合以上检测结果，则说明ECU主继电气输出电源（+B）正常。

理论链接2：曲轴位置传感器、凸轮轴位置传感器安装位置、功用及原理

1. 曲轴位置传感器安装位置

曲轴位置传感器常见的安装位置有曲轴前端、凸轮轴前端、变速器壳上。

（1）安装在曲轴前端，发电机附近，如图2-19所示。
（风行景逸B12车4A91发动机）

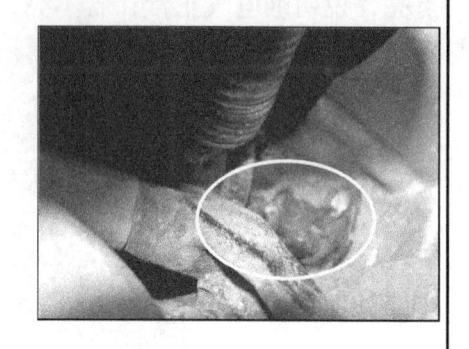

图2-19　传感器安装在曲轴前端

（2）安装在变速器壳上，如图2-20所示。
（五菱鸿途B12发动机）

图2-20　传感器安装在变速器壳上

2. 凸轮轴位置传感器安装位置
安装在凸轮轴端盖上，如图2-21所示。
（风行景逸B12车4A91发动机）

图2-21　传感器安装在凸轮轴端盖上

3. 曲轴位置传感器、凸轮轴位置传感器的功用
发动机转速信号和负荷信号是电子控制系统最重要、最基本的控制信号，ECU

根据这两个信号就能计算出基本喷油提前角（时间）、基本点火提前角（时间）和点火导通角（点火线圈一次电流接通时间）三个基本控制参数。

曲轴位置传感器（Crankshaft Position Sensor，CPS）又称发动机转速与曲轴转角传感器，其功用是采集曲轴转动角度和发动机转速信号，并输入电子控制单元（ECU），以便确定点火时刻和喷油时刻。

凸轮轴位置传感器（Camshaft Position Sensor，CPS）又称汽缸识别传感器（Cylinder Identification Sensor，CIS）、相位传感器。为了区别于曲轴位置传感器（CPS），凸轮轴位置传感器一般都用 CIS 表示。凸轮轴位置传感器的功用是采集配气凸轮轴的位置信号，并输入 ECU，以便 ECU 识别汽缸 1 压缩上止点，从而进行顺序喷油控制、点火时刻控制和爆燃控制，并具有修正功能。此外，凸轮轴位置信号还用于发动机起动时识别出第一次点火时刻。因为凸轮轴位置传感器能够识别哪一个汽缸活塞即将到达上止点，所以又称之为汽缸识别传感器。

4. 曲轴位置传感器、凸轮轴位置传感器的类型

常见的曲轴位置传感器根据其工作原理的不同可分为电磁感应式、霍尔式和光电式三种。

凸轮轴位置传感器主要是霍尔式。

5. 霍尔式转速传感器的工作原理

霍尔式曲轴与凸轮轴位置传感器及其他形式的霍尔式传感器都是根据霍尔效应制成的传感器。

1）霍尔效应

霍尔效应（Hall Effect）是美国约翰·霍普金斯大学物理学家霍尔博士（Dr. E. H. Hall）于 1879 年首先发现的。他发现把一个通有电流 I 的长方体白金导体垂直于磁力线放入磁感应强度为 B 的磁场中时（图 2-22），在白金导体的两个横向侧面上就会产生一个垂直于电流方向和磁场方向的电压 U_H，当取消磁场时，电压立即消失。该电压后来被称为霍尔电压，U_H 与通过白金导体的电流 I 和磁感应强度 B 成正比。

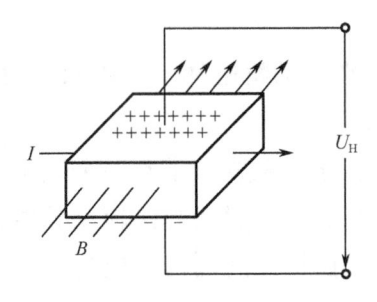

图 2-22 霍尔效应原理图

利用霍尔效应制成的元件称为霍尔元件，利用霍尔元件制成的传感器称为霍尔式传感器。霍尔式传感器有两个突出优点：一是输出电压信号近似于方波信号，二是输出电压高低与被测物体的转速无关。霍尔式传感器与磁感应式传感器不同的地方是需要外加电源。

2）霍尔式传感器的基本结构

霍尔式传感器主要由触发叶轮、霍尔集成电路、导磁钢片（磁轭）与永久磁铁等组成。触发叶轮安装在转子轴上，叶轮上制有叶片（在霍尔式点火系统中，叶片数与发动机汽缸数相等）。当触发叶轮随转子轴一同转动时，叶片便在霍尔集成电路与永久磁铁之间转动。霍尔集成电路由霍尔元件、放大电路、稳压电路、温度补偿电路、信号变换电路和输出电路等组成。

3）霍尔式传感器的工作原理

当传感器轴转动时，触发叶轮的叶片便从霍尔集成电路与永久磁铁之间的气隙中转过。当叶片离开气隙时，永久磁铁的磁通便经霍尔集成电路和导磁钢片构成回路，此时霍尔元件产生电压（U_H=1.9~2.0V），霍尔集成电路输出级的晶体管导通，传感器输出的信号电压 U_0 为低电平（实测表明：当电源电压 U_{cc}=14.4V 或 5V 时，信号电压 U_0=0.1~0.3V）。

当叶片进入气隙时，霍尔集成电路中的磁场被叶片旁路，霍尔电压 U_H 为零，集成电路输出级的晶体管截止，传感器输出的信号电压 U_0 为高电平（实测表明：当电源电压 U_{cc}=14.4V 时，信号电压 U_0=9.8V；当电源电压 U_{cc}=5V 时，信号电压 U_0=4.8V）。

总之，当触发叶轮接近或远离霍尔传感器时，霍尔元件上的导磁增强或变弱，从而在霍尔元件上产生霍尔电压，经过霍尔元件本身的放大电路进行放大处理，输出方波信号。

6. 磁感应式转速传感器的工作原理

1）结构特点

磁感应式曲轴位置传感器安装在曲轴箱内靠近离合器一侧的缸体上，主要由信号发生器和信号转子组成。

信号发生器用螺钉固定在发动机缸体上，由永久磁铁、传感线圈和线束插头组成。

传感线圈又称信号线圈，永久磁铁上带有一个磁头，如图 2-23 所示，磁头正对安装在曲轴上的齿盘式信号转子，磁头与磁轭（导磁板）连接而构成导磁回路。

信号转子为齿盘式，在其圆周上间隔均匀地制作有 58 个凸齿、57 个小齿缺和 1 个大齿缺，如图 2-24 所示。

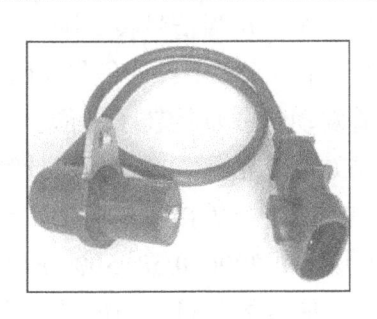

图 2-23　曲轴位置传感器　　图 2-24　曲轴位置传感器信号转子（位于发动机飞轮上）

2）曲轴转角的检测

大齿缺输出基准信号，对应发动机汽缸 1 或汽缸 4 压缩上止点前一定角度。

大齿缺所占的弧度相当于两个凸齿和三个小齿缺所占的弧度。因为信号转子随曲轴一同旋转，曲轴旋转一圈（360°），信号转子也旋转一圈（360°），所以信号转子圆周上的凸齿和齿缺所占的曲轴转角为 360°，每个凸齿和小齿缺所占的曲轴转角均为 3°（58×3°+57×3°=345°），大齿缺所占的曲轴转角为 15°（2×3°+3×3°=15°）。

3）曲轴位置传感器工作情况

当曲轴位置传感器随曲轴旋转时，由磁感应式传感器工作原理可知，信号转子每转过一个凸齿，传感线圈中就会产生一个周期性交变电动势（即电动势出现一次最大值和一次最小值），线圈相应地输出一个交变电压信号。因为信号转子上设有一个产生基准信号的大齿缺，所以当大齿缺转过磁头时，信号电压所占的时间较长，即输出信号为一宽脉冲信号，该信号对应于汽缸 1 或汽缸 4 压缩上止点前一定角度，如图 2-25 所示。电子控制单元（ECU）接收到宽脉冲信号时，便可知道汽缸 1 或汽缸 4 上止点位置即将到来，至于即将到来的是汽缸 1 还是汽缸 4，则需要根据凸轮轴位置传感器输入的信号来确定。

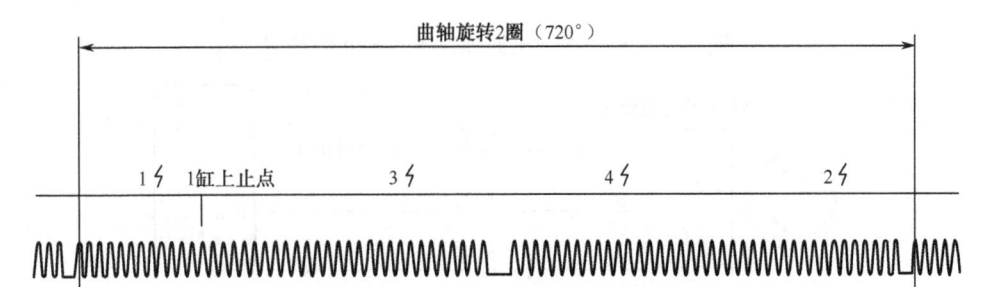

图 2-25　磁感应式曲轴位置传感器输出信号

4）曲轴转速的检测

由于信号转子上有 58 个凸齿，因此信号转子每转一圈（发动机曲轴转一圈），传感线圈就会产生58个交变电压信号输入电子控制单元。每当信号转子随发动机曲轴转动一圈，传感线圈就会向电子控制单元（ECU）输入58个脉冲信号。因此，ECU每接收到曲轴位置传感器58个信号，就可知道发动机曲轴旋转了一圈。

如果在1min内ECU接收到曲轴位置传感器116 000个信号，ECU便可计算出曲轴转速为2000（n=116000/58=2000）r/min；如果ECU每分钟接收到曲轴位置传感器290 000个信号，ECU便可计算出曲轴转速为5000（n=290000/58=5000）r/min。依此类推，ECU根据每分钟接收曲轴位置传感器脉冲信号的数量，便能计算出发动机曲轴旋转的转速。

5）磁感应式传感器的突出优点

不需要外加电源，永久磁铁起将机械能变换为电能的作用，其磁能不会损失。当发动机转速变化时，转子凸齿转动的速度发生变化，磁铁中的磁通变化率也将随之发生变化。转速越高，磁通变化率就越大，传感线圈中的感应电动势也就越高。

6）注意事项

由于转子与磁极间的气隙直接影响磁路的磁阻和传感线圈输出电压的高低，因此在使用中，气隙不能随意变动。气隙如有变化，必须按规定进行调整。

五菱鸿途B12发动机曲轴位置传感器、凸轮轴位置传感器电路图分别如图2-26和图2-27所示。

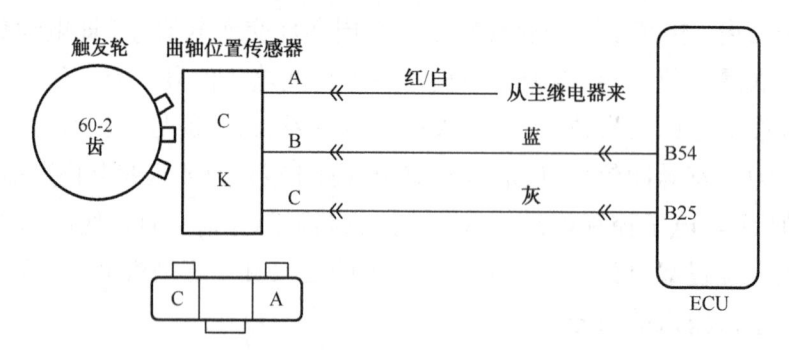

图2-26　B12发动机曲轴位置传感器电路图

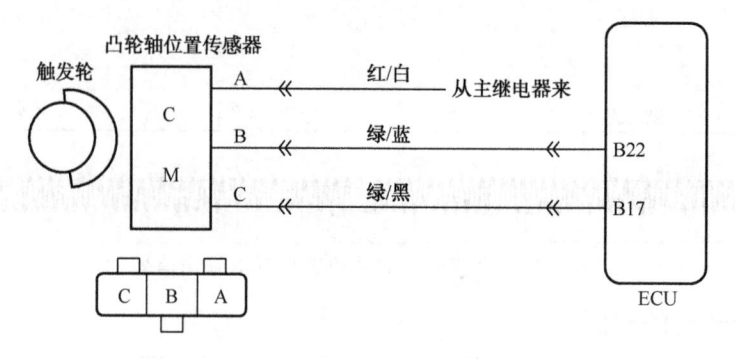

图2-27　B12发动机凸轮轴位置传感器电路图

7. 光电式曲轴位置传感器

光电式曲轴位置传感器一般装在分电气内，由信号发生器和带光孔的信号盘组成（图2-28）。

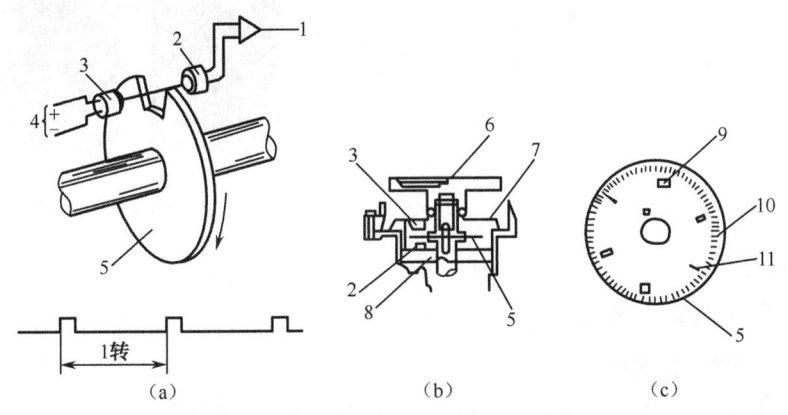

1—输出信号；2—光敏二极管；3—发光二极管；4—电源；5—转盘；6—转子头盖；7—密封盖；8—波成形电路；9—第一缸120°信号缝隙；10—1°信号缝隙；11—120°信号缝隙

图 2-28　光电式曲轴位置传感器

其信号盘与分电气轴一起转动，信号盘外圈有360条光刻缝隙，产生曲轴转角1°的信号；稍靠内有间隔60°均布的6个光孔，产生曲轴转角120°的信号，其中1个光孔较宽，用以产生相对于1缸上止点的信号。信号发生器安装在分电气壳体上，由二只发光二极管、二只光敏二极管和电路组成。发光二极管正对着光敏二极管。信号盘位于发光二极管和光敏二极管之间，由于信号盘上有光孔，因此可产生透光和遮光交替变化现象。当发光二极管的光束照到光敏二极管时，光敏二极管产生电压；当发光二极管的光束被挡住时，光敏二极管电压为0V。这些电压信号经电路部分整形放大后，即向电子控制单元输送曲轴转角为1°和120°时的信号，电子控制单元根据这些信号计算发动机转速和曲轴位置。

实践操作3：霍尔式曲轴位置传感器检测

1. 线路的检测

1）电源线检测

（1）万用表选择直流20V挡。

（2）拔下传感器的插头。

（3）打开点火开关，检测传感器电源线电压值（图2-29）。

电压值12V为正常。

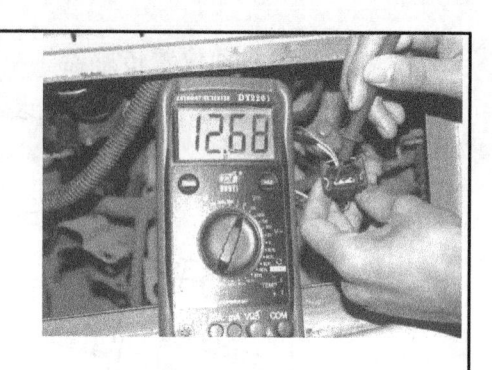

图 2-29　检测电源线

2）信号线检测

（1）万用表选择直流 20V 挡。

（2）拔下传感器的插头。

（3）打开点火开关，检测传感器信号线电压值（图 2-30）。

电压值 5V 为正常。

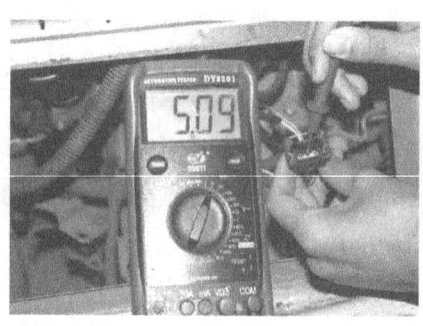

图 2-30　检测信号线

3）搭铁线检测

（1）万用表选择直流 20V 挡。

（2）拔下传感器的插头。

（3）打开点火开关，检测传感器搭铁线电压值（图 2-31）。

电压值 0V 为正常。

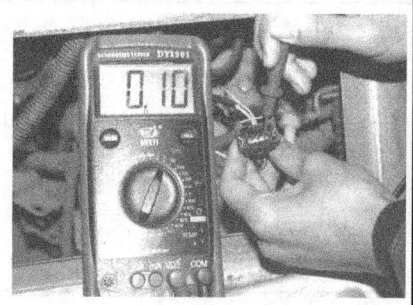

图 2-31　检测搭铁线

2. 信号电压的检测

（1）万用表选择直流 20V 挡。

（2）在传感器插好的状态下，打开点火开关。

（3）起动发动机，在发动机运转时检测传感器信号电压值（图 2-32）。

电压值 2.5V 左右为正常。

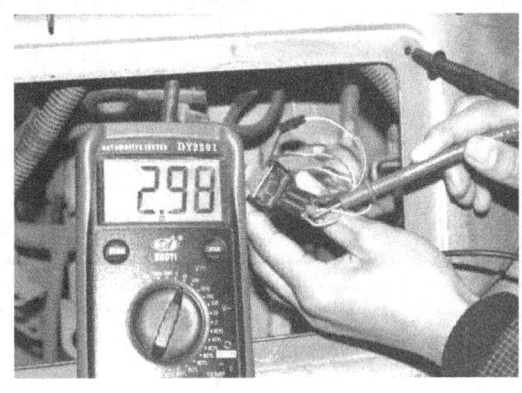

图 2-32　检测信号电压

3. 传感器的检测

（1）关闭点火开关，将曲轴位置传感器从发动机上拆下来。

（2）将曲轴位置传感器与线束插接好。（无线路故障）

（3）打开点火开关。

（4）用扳手对曲轴位置传感器磁头左右晃动（反复地靠近、离开），同时测量传感器信号电压（图 2-33）。

如能产生 0V 与 5V 的交变电压，则传感器无故障。

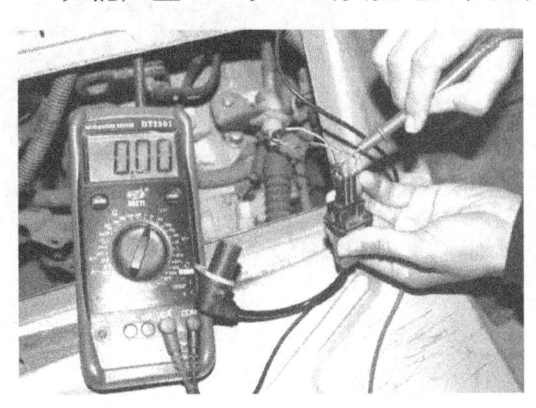

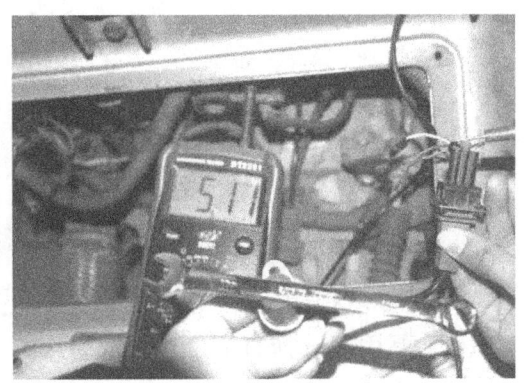

图 2-33　检测传感器

4. 波形的检测

霍尔式曲轴位置传感器的波形如图 2-34 所示，应无乱波及杂波现象。

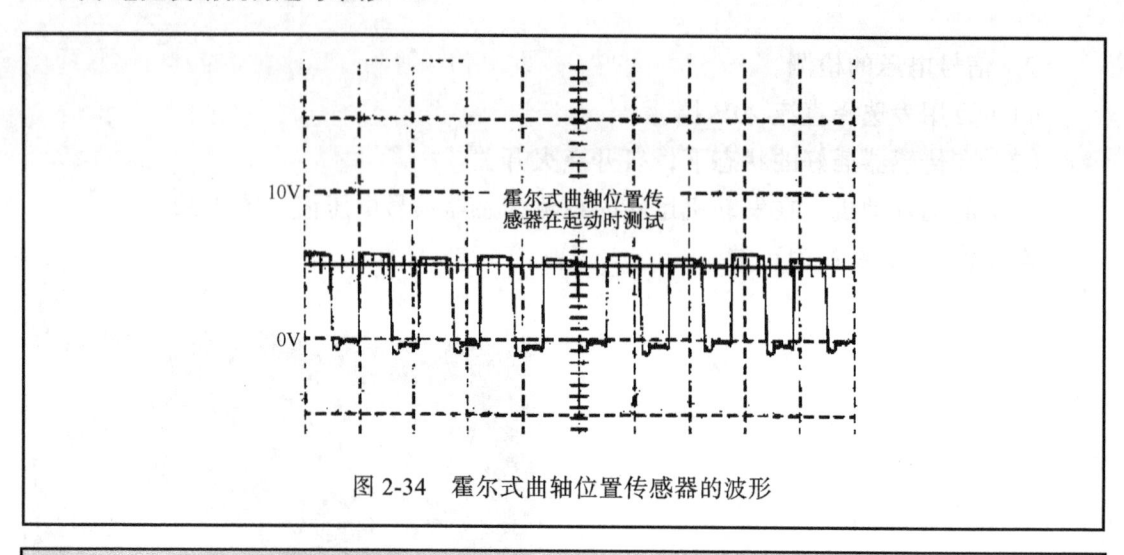

图 2-34　霍尔式曲轴位置传感器的波形

实践操作 4：霍尔式凸轮轴位置传感器检测

1. 线路的检测

1）电源线检测

（1）万用表选择直流 20V 挡。

（2）拔下传感器的插头。

（3）打开点火开关，检测传感器电源线电压值（图 2-35）。

电压值 12V 为正常。

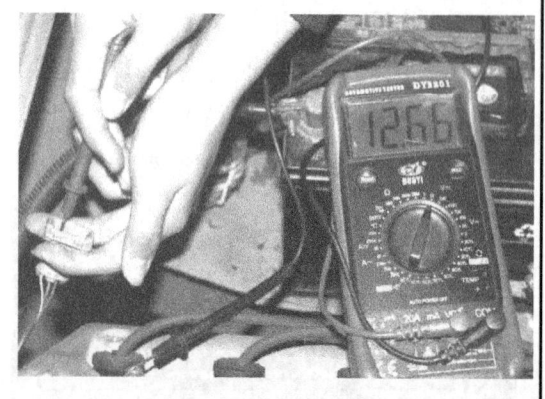

图 2-35　检测电源线

2）信号线检测

（1）万用表选择直流 20V 挡。

（2）拔下传感器的插头。

（3）打开点火开关，检测传感器信号线电压值（图 2-36）。

电压值 5V 为正常。

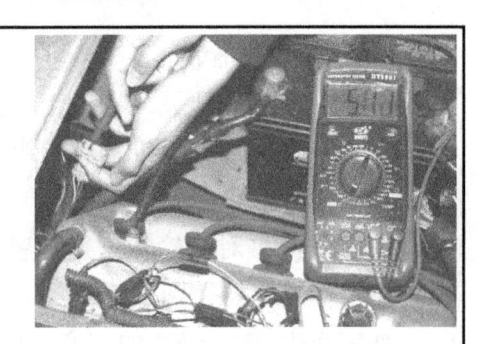

图 2-36　检测信号线

3）搭铁线检测
（1）万用表选择直流 20V 挡。
（2）拔下传感器的插头。
（3）打开点火开关，检测传感器搭铁线电压值（图 2-37）。
电压值 0V 为正常。

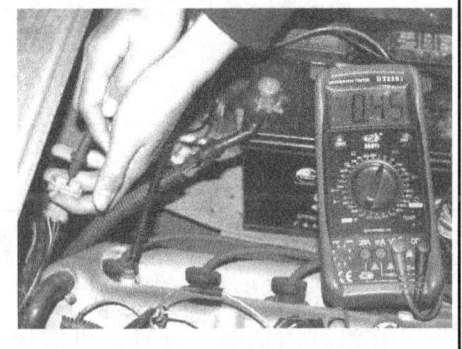

图 2-37　检测搭铁线

2. 信号电压的检测
（1）万用表选择直流 20V 挡。
（2）在传感插好的状态下，打开点火开关。
（3）起动发动机，在发动机运转时检测传感器信号电压值（图 2-38）。
电压值 2.5V 左右为正常。

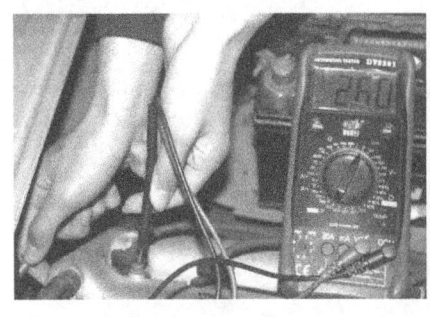

图 2-38　检测信号电压

3. 传感器的检测

（1）关闭点火开关，将凸轮轴位置传感器从发动机上拆下来。

（2）将凸轮轴位置传感器与线束插接好（无线路故障）。

（3）打开点火开关。

（4）用扳手对凸轮轴位置传感器磁头左右晃动（反复地靠近、离开），同时测量传感器信号电压（图2-39）。

如能产生0V与5V的交变电压，则传感器无故障。

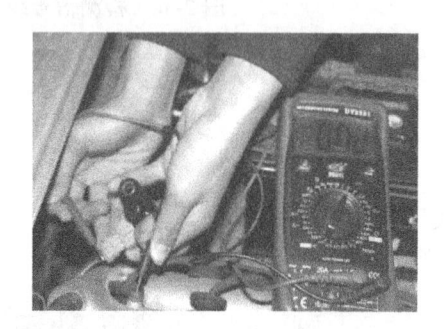

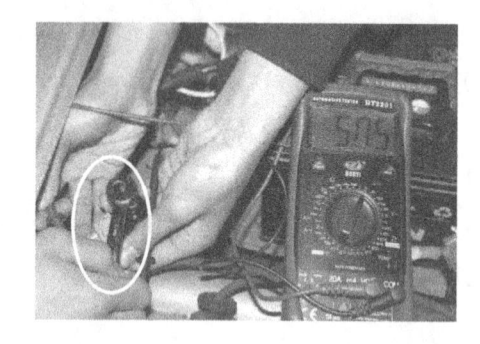

图2-39 检测传感器

第二步：检查点火系统

理论链接3：点火系统的功用、类型、组成及工作原理

1. 点火系统的功用

在汽缸内适时、准确、可靠地产生高压电火花，点燃汽缸中的混合气，使汽油发动机实现做功（图2-40）。

①点火线圈
②火花塞
③ECU
传感器

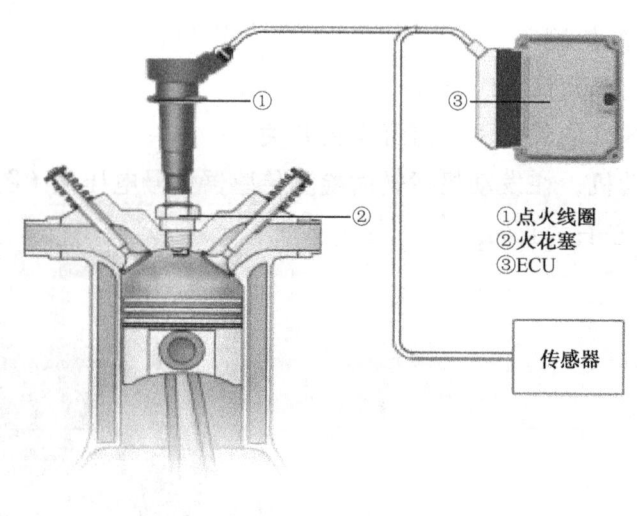

图2-40 点火系统的功用

2. 点火系统的类型

汽车点火系统按其组成和产生高压电的方式不同可分为传统点火系统、电子点火系统和计算机控制点火系统三种类型（图2-41）。

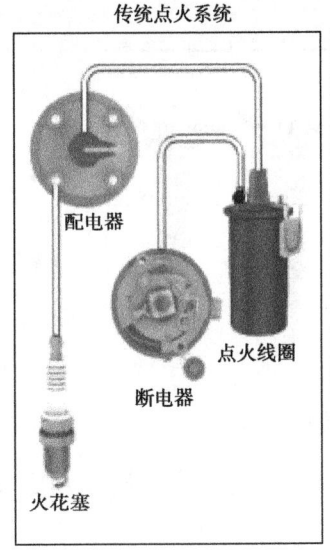

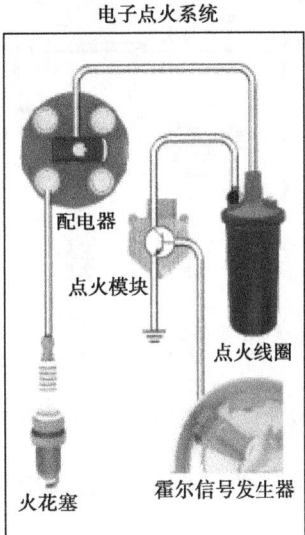

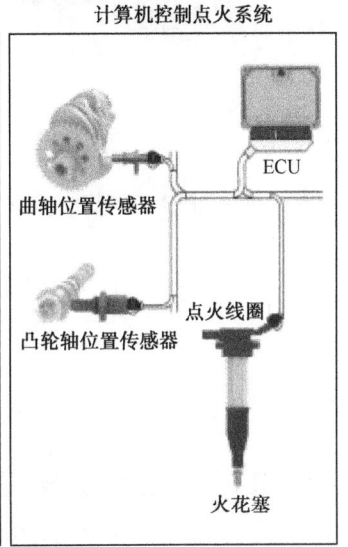

图 2-41　点火系统的类型

（1）传统点火系统是指初级电路的通断由断电气触电控制的点火系统。传统点火系统结构简单，成本低廉，但故障率高，高速性能差，已逐步被淘汰。

（2）电子点火系统是指初级电路的通断由晶体管控制的点火系统，也称晶体管点火系统或半导体点火系统。电子点火系统具有高速性能好、点火时间精确、结构简单、质量轻、体积小等优点。它已经逐渐取代传统点火系统。

（3）计算机控制点火系统是指计算机根据各种传感器输入的信号，经过数学运算和逻辑判断控制初级电路通断的点火系统。计算机控制点火系统是最先进的点火系统，应用越来越广泛。

3. 计算机控制点火系统的组成及功能

计算机控制点火系统主要由ECU、传感器、点火线圈、高压线（独立点火系统无此线）、火花塞等组成（图2-42）。

1）电源

电源的作用是提供电能。

2）传感器

（1）曲轴位置传感器和凸轮轴位置传感器：检测发动机曲轴转速信号、发动机曲轴转角信号、1缸压缩上止点信号，ECU根据转速信号确定基本点火提前角。

（2）进气流量传感器：检测进气流量，确定基本点火提前角。

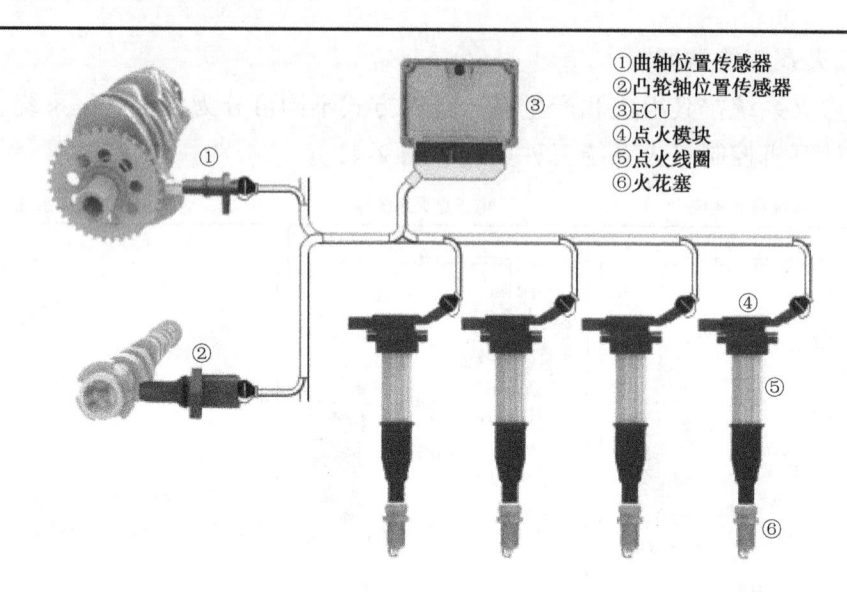

①曲轴位置传感器
②凸轮轴位置传感器
③ECU
④点火模块
⑤点火线圈
⑥火花塞

图 2-42　计算机控制点火系统的组成

（3）节气门位置传感器：检测节气门的开度大小和节气门变化快慢，判定发动机负荷状态，修正点火提前角。

（4）水温、进气温度传感器：检测冷却液温度、进气温度，修正点火提前角。

（5）爆震传感器：检测发动机的爆震信号，实现点火时刻闭环控制。

（6）氧传感器：检测空燃比信号，修正点火提前角。

3）ECU

ECU 是点火系统中的控制元件。其作用是不断地采集各传感器的信息，按特定的程序进行判断、运算，向点火控制器或点火线圈发出最佳控制信号。

4）点火控制器

点火控制器是 ECU 的一个执行机构。主要作用是将电控单元输出的点火信号进行功率放大，再驱动点火线圈工作。

5）点火线圈

点火线圈的作用是将低电压变为高电压（图 2-43～图 2-45）。

图 2-43　分组点火线圈　　　　图 2-44　独立点火线圈

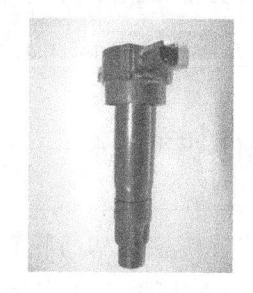

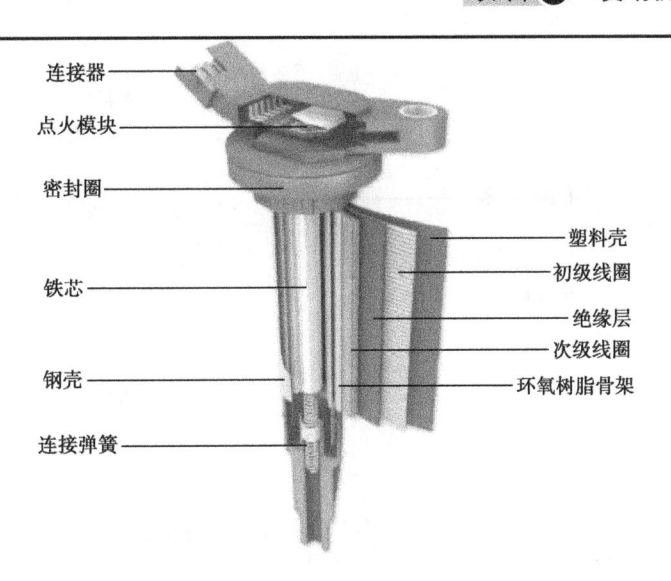

图 2-45 独立点火线圈的结构

6）高压线

高压线的作用是传送高压电，屏蔽、衰减电磁干扰（图 2-46）。

图 2-46 高压线

7）火花塞

火花塞的作用是点燃混合气，屏蔽、衰减电磁干扰。

所有发动机使用的都是电阻型火花塞，电阻值为 6~20kΩ。

（1）火花塞的结构（图 2-47）。

火花塞由绝缘体和金属壳体两部分组成。金属壳体带有螺纹，用于拧入汽缸；在壳体内装有绝缘体，它里面贯通着一根中心电极，中心电极上端有接线螺母，连接从分电盘过来的高压电线；在壳体的下端面焊有接地电极，中心电极与接地电极之间有 0.6~1.0mm 的间隙，高压电经过这个间隙入地就会迸发出火花点燃混合气。

火花塞的关键部分是绝缘体，如果绝缘体不起作用，高压电就会"抄小路"而不经两极入地，造成无火花现象。

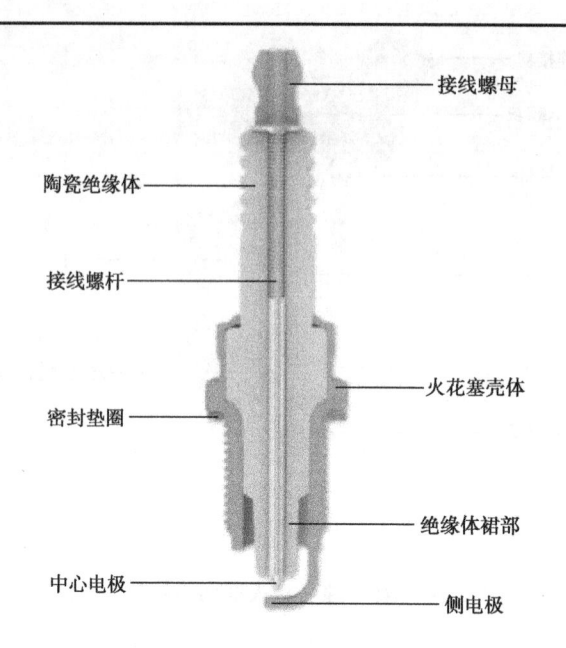

图 2-47 火花塞的结构

（2）火花塞的类型（图 2-48）。

火花塞的尺寸是全世界统一的，任何汽车上都可以通用，但由于汽油发动机类型有区别，因此火花塞也分为三种基本类型：冷型、热型和普通型。冷型与热型是相对而言的，它反映了火花塞的热特性。

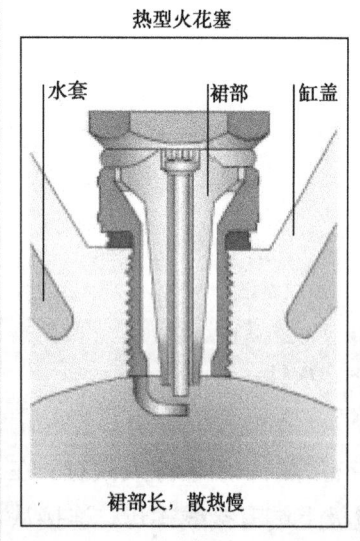

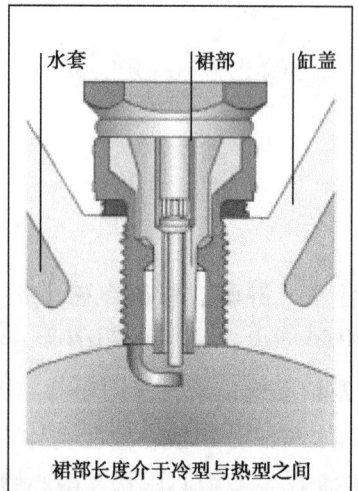

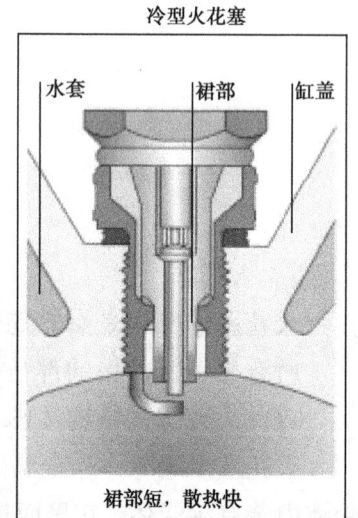

图 2-48 火花塞的类型

火花塞要有适当的温度才能工作良好，没有积炭才能工作正常。实践证明：火花塞绝缘体温度保持在 500~600℃时，落在绝缘体上的油滴能立即烧去而不会形成积炭，高于这个温度会早燃，低于这个温度有积炭。

在不同发动机上的温度会不一样，设计者就利用绝缘体裙部的长度来解决这个矛盾。有些裙部短，受热面积小，散热快，因此裙部温度低些，称为冷型火花塞，适用于高速高压缩比的大功率发动机；有些裙部细长，受热面积大，散热慢，因此裙部温度高些，称为热型火花塞，适用于中低速低压缩比的小功率发动机；裙部长度介于前两者之间的则是普通型火花塞。

更换火花塞要注意热值是否相符。热值过低，会导致爆燃，使火花塞头部陶瓷烧损，破碎的陶瓷掉入发动机很危险且电极易熔；热值过高，易使火花塞头部产生积炭，跑电，打不出火。火花塞的热值代表散热快慢。

4. 点火系统的工作原理

发动机工作时，ECU 根据接收到的各传感器信号，按存储器中存储的有关程序和数据，确定出最佳点火提前角和通电时间，并以此向点火器发出指令。点火器根据指令，控制点火线圈初级电路的导通和截止。当电路导通时，有电流从点火线圈中的初级电路通过，点火线圈将点火能量以磁场的形式储存起来。当初级电路被切断时，次级线圈中产生很高的感应电动势（15~20kV），经高压线直接送至工作汽缸的火花塞（图 2-49）。

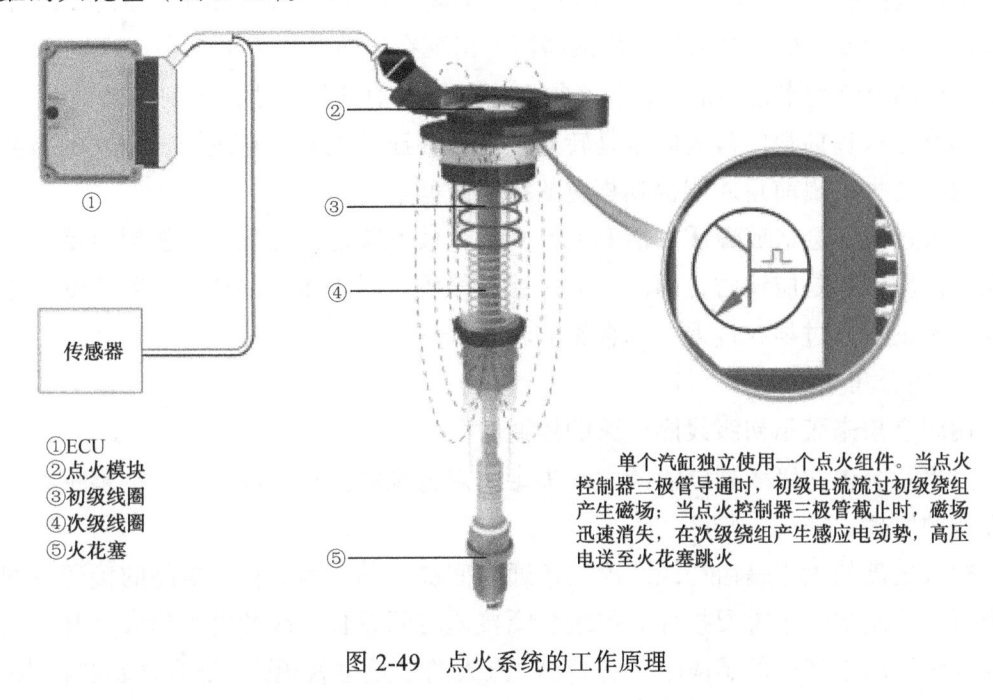

①ECU
②点火模块
③初级线圈
④次级线圈
⑤火花塞

单个汽缸独立使用一个点火组件。当点火控制器三极管导通时，初级电流流过初级绕组产生磁场；当点火控制器三极管截止时，磁场迅速消失，在次级绕组产生感应电动势，高压电送至火花塞跳火

图 2-49 点火系统的工作原理

五菱鸿途 B12 发动机点火系统控制电路如图 2-50 所示。

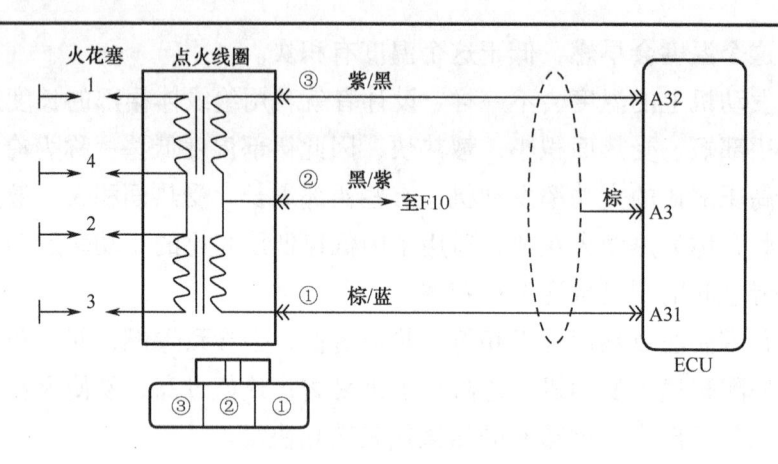

图 2-50　B12 发动机点火系统控制电路

5．专有名词

1）点火提前角

从点火时刻起到活塞到达压缩上止点，这段时间内曲轴转过的角度称为点火提前角。

混合气从点燃、燃烧到烧完有一个过程，最佳点火提前角的作用就是在各种不同工况下使气体膨胀趋势最大段处于活塞做功下降行程。这样效率最高，振动最小，温升最低。为使发动机汽缸内的燃烧最高压力出现在压缩终了上止点后 10°～15°，使混合气的燃烧功率达到最大，就必须在压缩终了前的某个适当时刻点火。

影响点火提前角的最大因素是转速。随着转速的上升，转过同样角度的时间变短，只有更大的提前角才能得到相应的提前时间。

点火过早，会造成爆震，活塞上行受阻，效率降低，热负荷、机械负荷、噪声和振动加剧，这是应该防止的。点火过迟，气体做功困难，油耗大，效率低，排气声大。不论点火过早或过迟，都会影响转速的提升。

2）闭合角

用闭合角来表示初级线圈电路的接通时间。

点火系统中初级线圈电流的大小决定了点火系统能量的高低，直接影响着发动机性能的发挥。

初级电流的大小是由初级线圈的接通时间决定的，因此初级电路的接通时间便成为点火控制的一个重要指标。初级线圈接通时间越长，线圈电流越大，开关断开时在次级线圈上产生的感应电动势越高，点火的能量也就越强，混合气越容易点燃；但电流过大会造成点火线圈过热和电源负荷的增加。因此，科学地控制初级线圈电路的接通时间成为点火控制的主要内容之一。

项目二　发动机无法起动故障

实践操作5：点火系统及其控制电路的检测

1. 高压跳火检查

（1）关闭点火开关。

（2）将各缸喷油器的连接器断开（图2-51）。

图 2-51　断开喷油器的连接器

（3）从发动机缸体上拆下所检查缸的高压线。

（4）从发动机上拆卸该缸火花塞（图2-52）。

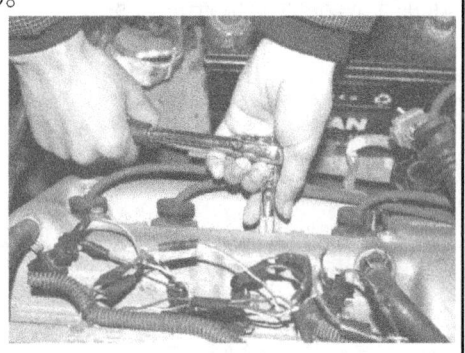

图 2-52　拆卸火花塞

（5）将该缸高压线带上火花塞（图2-53）。

图 2-53　将高压线带上火花塞

43

（6）将火花塞可靠搭铁（图 2-54）。

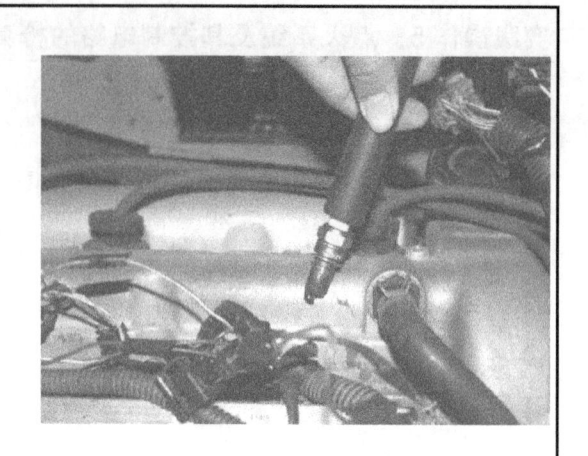

图 2-54　将火花塞可靠搭铁

（7）起动发动机，观察跳火（图 2-55）。

① 若发出蓝色火焰，而且很强烈，说明点火线圈、火花塞工作正常。

② 若火花弱或无跳火，则要检查火花塞或点火线圈总成。

注意：在进行跳火试验时，应将各缸喷油器的连接器断开，以免未经燃烧的汽油进入催化器而损坏催化器。

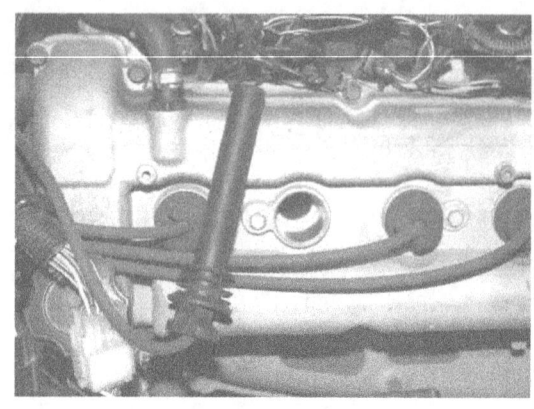

图 2-55　观察跳火

2. 火花塞检查

1）方法一：互换检查

若某缸火花塞跳火检查火花不正常，可以换上一个已知能正常跳火的火花塞在该缸高压线上重新进行跳火。

（1）若火焰正常，则说明原缸火花塞损坏。

（2）若仍是火花弱或无跳火，则要检查点火线圈、高压线及相关电路。

2）方法二：目视检查

（1）检查螺纹是否完好（图 2-56）。

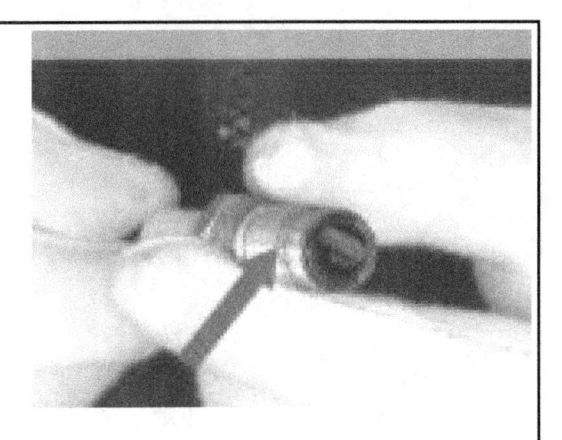

图 2-56　检查螺纹是否完好

（2）检查陶瓷是否有裂纹（图 2-57）。

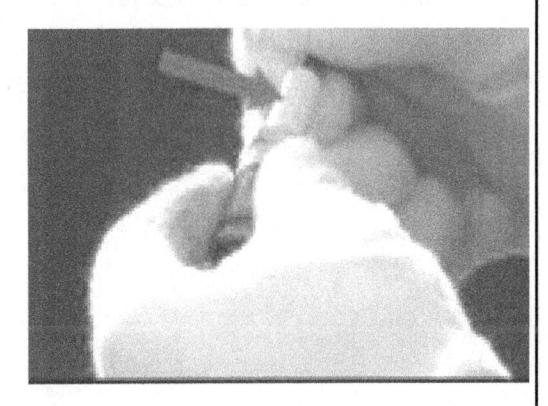

图 2-57　检查陶瓷是否有裂纹

（3）检查火花塞与高压线圈套接部位（2-58）。

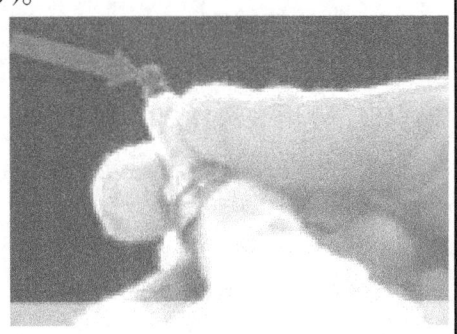

图 2-58　检查火花塞与高压线套接部位

（4）检查火花塞电极状况（图 2-59）。

① 若火花塞电极颜色不正常，则根据维修手册规定的更换里程进行清洁或更换。

② 若火花塞烧蚀严重，必须更换火花塞。

图 2-59　检查火花塞电极状况

（5）检查火花塞电极间隙（图 2-60）。

如果间隙过宽，可能会引起缺火；若太窄，可能导致电极过早地被烧蚀。

使用塞尺检查火花塞电极间隙，旧火花塞最大电极间隙为 1.3mm，新火花塞电极间隙为 0.9~1.1mm。

如果测得的数据不符合标准，要更换新的火花塞。

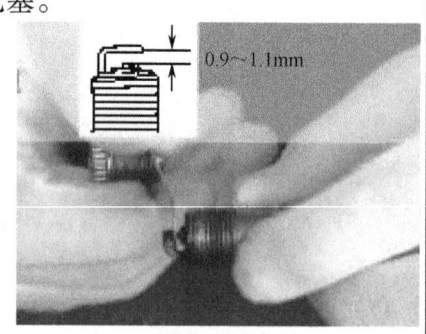

图 2-60　检查火花塞电极间隙

3. 高压线检查

（1）将高压线两头分别从火花塞上及点火线圈上拔下。

（2）万用表选择 20kΩ 挡。

（3）用万用表两表笔分别测量高压线一侧，检测数据若大于标准值，则应更换（图 2-61）。

图 2-61　检查高压线

4. 点火线圈检查

1）初级线圈电阻检查

（1）将点火线圈初级线路插接器拔下。

（2）万用表选择 200Ω 挡。

（3）用万用表两表笔分别测量点火线圈初级绕组两端子，检测数据若不符合标准值，则应更换点火线圈（图 2-62）。

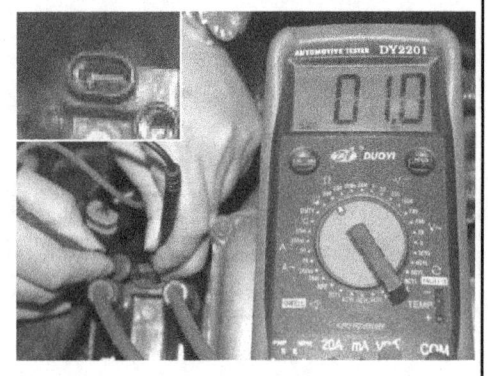

图 2-62　检查初级线圈电阻

2）次级线圈电阻检查

（1）从点火线圈上拔下 1、4 缸（或 2、3 缸）的高压线。

（2）万用表选 20kΩ 挡。

（3）在点火线圈上 1、4 缸（或 2、3 缸）高压线插孔之间测量次级线圈电阻值。正常情况应为 5～10kΩ。若不正常，则应更换点火线圈（图 2-63）。

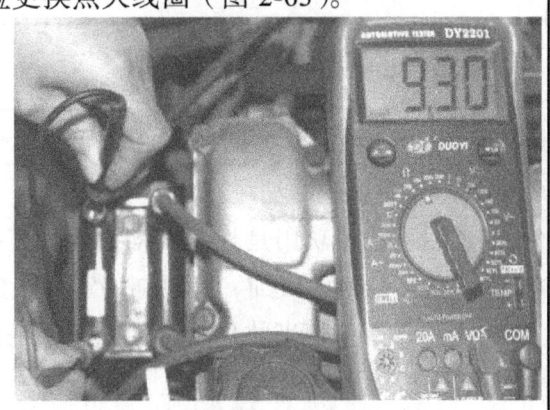

图 2-63　检查次级线圈电阻

5. 点火控制线检查

（1）拔下点火线圈初级线路插接器，用万用表 20V 挡检测点火线圈的电源线应为 12V（图 2-64）。

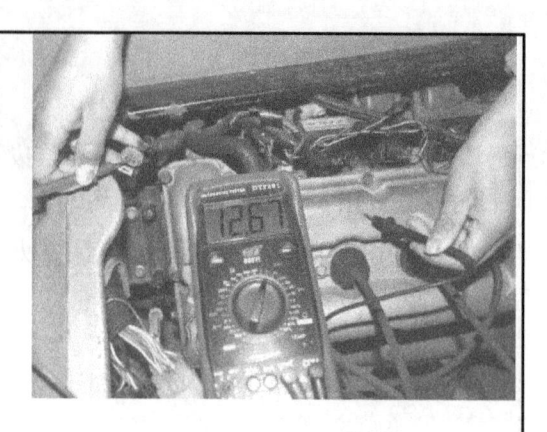

图 2-64　检测电源线

（2）将点火线圈初级线路插接器接好。用试灯检测点火线圈初级线路点火控制线，起动发动机观察试灯工作情况。正常情况下试灯在起动发动机时闪亮（图 2-65）。

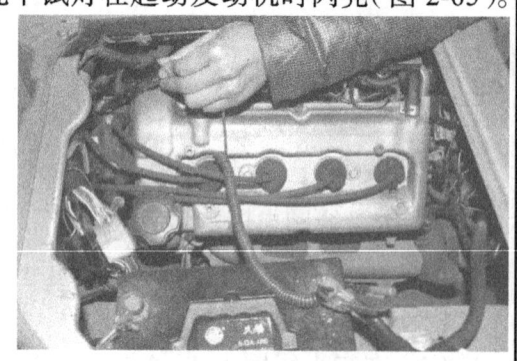

图 2-65　检测点火控制线

第三步：检查燃油系统

理论链接 4：燃油系统的功用、组成及工作原理

1. 燃油系统的功用

燃油系统的功用是根据发动机运转工况的需要，向发动机供给一定数量的、清洁的、雾化良好的汽油，以便与一定数量的空气混合形成可燃混合气。同时，燃油系统还需要储存相当数量的汽油，以保证汽车有一定的续驶里程。

2. 燃油系统的组成

燃油系统一般由燃油箱、电动燃油泵、燃油压力调节器、燃油滤清器、喷油器、燃油分配管等组成。目前，一些车辆还采用了新型无回油燃油供给系统，在该系统中取消了燃油压力调节器（图 2-66）。

发动机工作时，燃油泵将汽油从油箱中泵出，经燃油滤清器过滤后，再经燃油压力调节器调压，将压力调整到比进气管压力高出约 250kPa，然后经输油管配送给各个喷油器，喷油器根据ECU发来的喷射信号，把适量汽油喷射到进气歧管中。当油路压力超过规定值时，压力调节器工作，多余的汽油经回油管流回油箱中，从而保证送给喷油器的燃油压力不变。

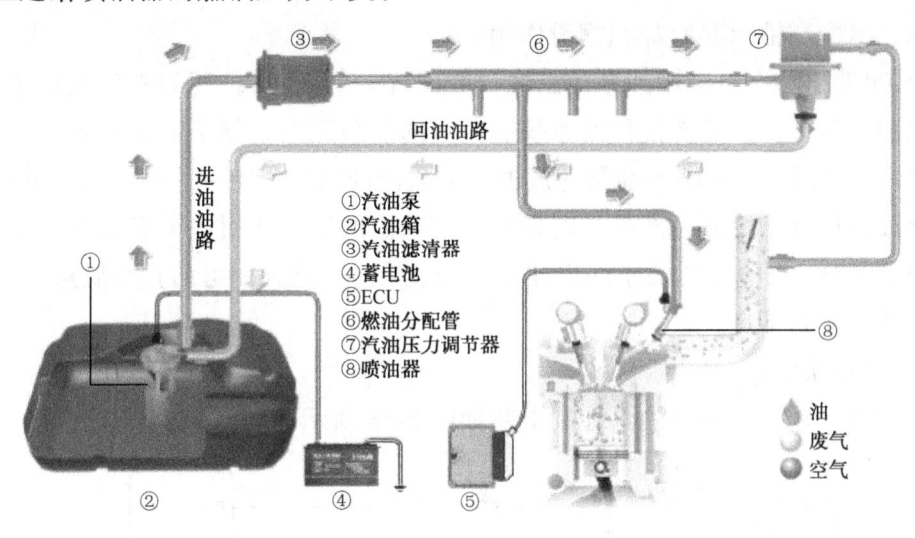

图 2-66 燃油系统的组成

3. 电动燃油泵

1）功用

电动燃油泵的功用是以一定的油压和流量将燃油从油箱输送到发动机供油总管，并保持稳定的油压（通过油压调节器来实现）。

2）组成

电动燃油泵由直流电动机、叶片泵和端盖（集成了止回阀、泄压阀和抗电磁干扰组件）等组成，泵和电动机同轴安装，并且封闭在同一个机壳内（图2-67）。电动燃油泵出口的最大压力由泄压阀决定，在200～400kPa。但是整个燃油系统的压力却是由燃油压力调节器决定的。

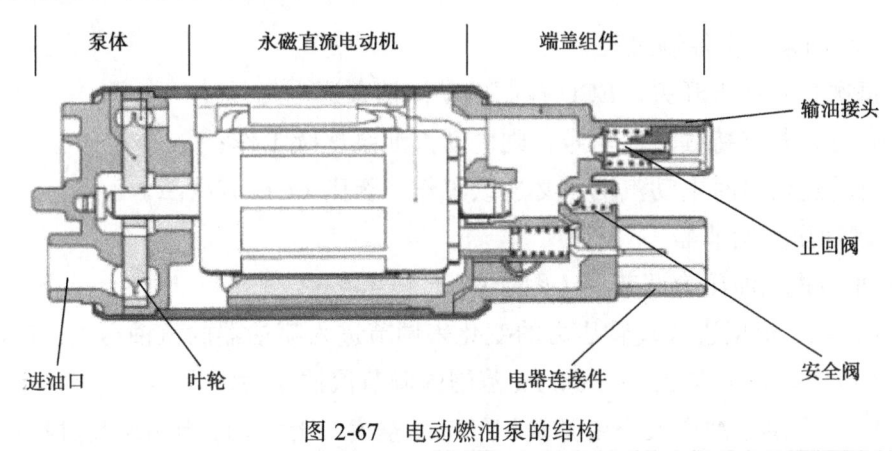

图 2-67 电动燃油泵的结构

3）工作原理

接通电源，电动机转动并带动叶轮旋转，将燃油从进油口处吸入，流经油泵内部，再从输油口流出，给燃油系统输送压力燃油。燃油流经燃油泵内部，对电动机的电枢、电刷和轴承起冷却和润滑作用。

（1）止回阀：在电动燃油泵的出油口处设有一个止回阀，可以在发动机熄火后，防止燃油倒流，以保持燃油供给系统有一定的残余压力，便于下次起动。

（2）安全阀：在电动燃油泵的进油口处或出油口处设有一个安全阀，可在燃油滤清器或高压管路堵塞等意外情况发生时打开而泄压，从而保护直流电动机。

（3）滤网：在电动燃油泵的进油口处安装有一个滤网，可防止杂质进入燃油泵造成卡死或密封不良。

4）燃油泵电路

SGMW—B12发动机油泵控制电路如图2-68所示。

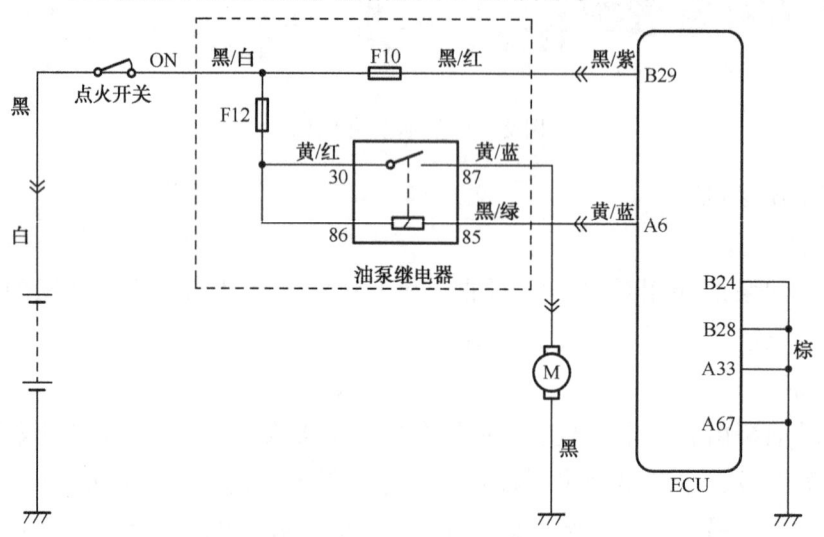

图2-68 SGMW—B12发动机油泵控制电路

电动汽油泵基本控制过程：
- 每次打开点火开关，ECU控制电动汽油泵通电2～3s；
- 此时，若有持续转速信号，则电动汽油泵连续工作；
- 有转速信号时电动汽油泵必连续工作，否则ECU有故障。

4. 燃油压力调节器

1）外装式汽油压力调节器（图2-69）

（1）作用：根据进气歧管压力的变化来调节进入喷油器的汽油压力，使两者保持恒定的压力差。可在250～300kPa范围内调节汽油压力。

（2）工作原理：油压大小由弹簧和气室真空度二者协调，当油压高过标准值时，高压燃油会顶动膜片上移，球阀打开，多余的燃油会经回油管反流至油箱；当压力低过标准值时，弹簧会下压膜片将球阀关闭，停止回油。压力调节器的作用就是保持油路内的压力恒定，油压过低则喷油器喷油太弱或不喷油，油压太高则使油路损毁或喷油器损坏。

压力调节器内部有一个膜片，起到控制压力阀打开或关闭的作用，油压低于一定值时，压力阀关闭，由油泵加压使油路内压力增加；当增加到超过规定压力后，膜片打开，过压的燃油通过回油管路流回油箱，起到减压的作用。

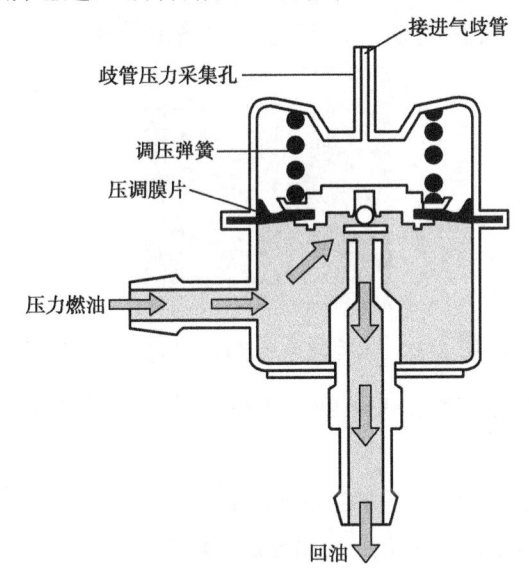

图 2-69 外装式汽油压力调节器结构图

2）内装式汽油压力调节器（图 2-70）

（1）作用：调节油轨中汽油的压力。可使汽油压力保持在 380kPa，此时油轨中的油压恒定，ECU 根据发动机转速、负荷、节气门位置、进气、冷却温度及氧传感器等信号，确定喷油器开启的时间长短，从而确定燃油供给量。

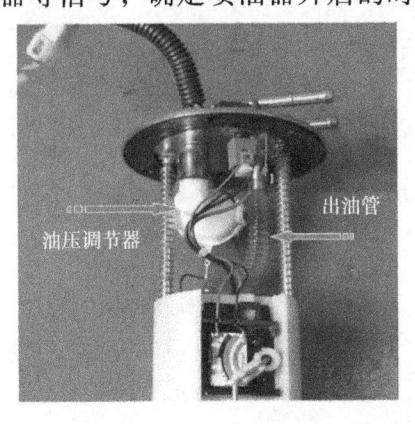

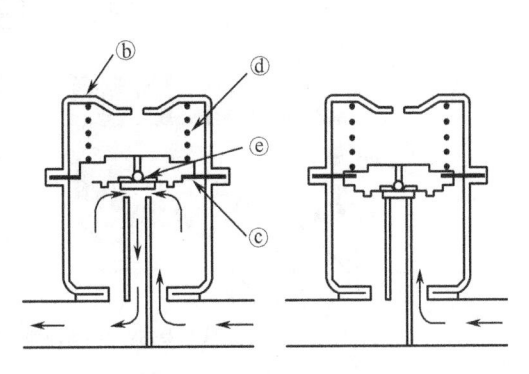

图 2-70 内装式汽油压力调节器结构图

（2）结构：由外壳 b、膜片 c、调压弹簧 d、止流阀 e 等组成。

（3）工作过程：

当油轨中的压力低于 380kPa 时，不回油；

当油轨中的压力大于 380kPa 时，回油；

当油轨中的压力等于 380kPa 时，维持一定开度。

5. 燃油滤清器

（1）作用：滤去汽油中的杂质，防止污物堵塞喷油器针阀等精密机件。

（2）安装位置：安装在电动汽油泵之后的输油管路上（图 2-71）。

图 2-71　五菱鸿途燃油滤清器安装位置

（3）结构：内部由纸质滤芯再串联一个棉纤维过滤网制成。外壳为密封式铁壳，有一定的耐压能力。

（4）功能：能滤去直径大于 0.01mm 的杂质。

（5）维护：正常使用，每行驶 40 000km 更换新件。

6. 喷油器

（1）作用：接受由电控单元发出的脉冲式信号控制，把一定压力的汽油以雾状喷入进气管。

（2）结构：由喷油器体、电磁线圈、针阀、衔铁、回位弹簧等组成（图 2-72）。

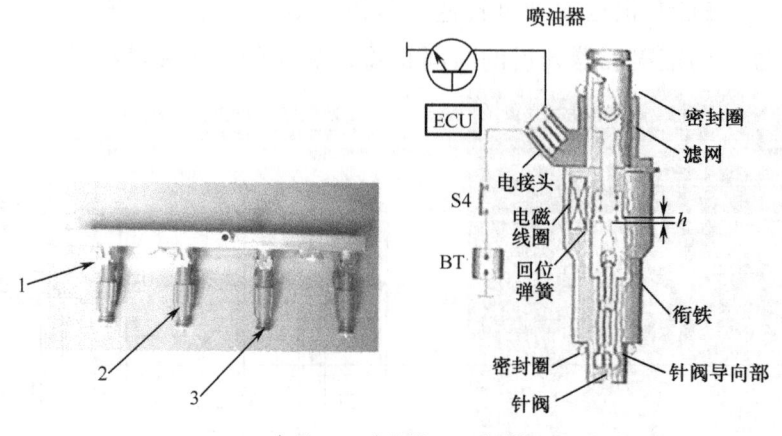

1—卡环；2—喷油器；3—密封圈

图 2-72　喷油器的结构

（3）工作原理：当 ECU 接通电路时喷油，断开电路时断油。

（4）喷油器控制电路：控制电路如图 2-73 所示。

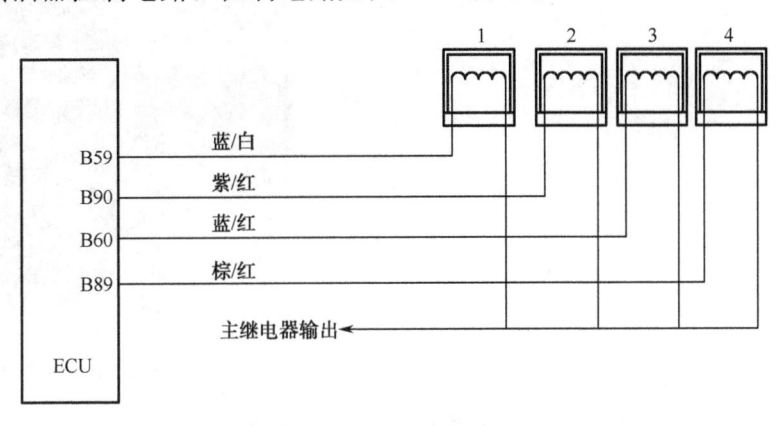

图 2-73 喷油器控制电路

实践操作6：燃油系统压力检测

1. 泄除燃油系统压力

（1）关闭点火开关。

（2）拆除燃油泵熔丝（或断开燃油泵的插接器）。

（3）起动发动机，让发动机运行至自行熄火。

（4）再反复进行"起动——运行——熄火"，直至将燃油管中的残油燃烧完毕。

2. 测量燃油压力

（1）打开数字万用表，选择直流电压 20V 挡，将万用表的红表笔连接至蓄电池正极，黑表笔连接至蓄电池负极，测量蓄电池电压，正常值为 11~14V（图 2-74）。

图 2-74 测量蓄电池电压

（2）断开蓄电池负极电缆。

(3) 从主燃油管上断开燃油软管（图2-75）。

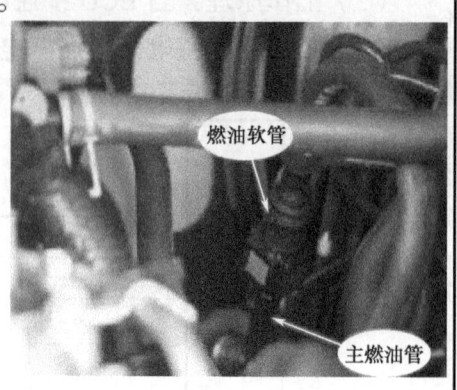

图2-75 从主燃油管上断开燃油软管

(4) 将燃油压力表连接至燃油管路中（图2-76）。

图2-76 将燃油压力表连接至燃油管路中

(5) 将电缆连接到蓄电池负极端子上，紧固蓄电池负极电缆。

(6) 用一根跨接线将燃油泵继电气30-87脚短接，临时恢复燃油泵插接器的连接（图2-77）。

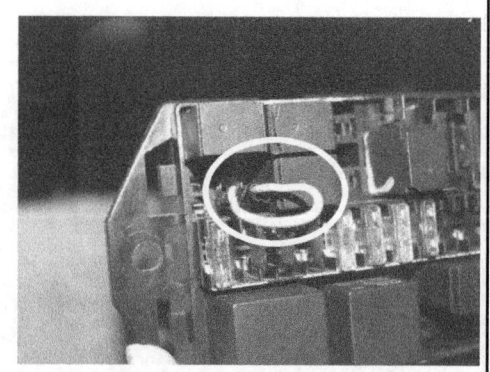

图2-77 短接燃油泵继电气

(7) 起动发动机，测量急速情况下的燃油压力。正常情况下急速时燃油压力为

500～650kPa。如果燃油压力为0,表示无油压。

（8）检查燃油压力后,从蓄电池负极端子上断开电缆;从燃油管路上断开燃油压力表,并取下燃油压力表接头。

（9）用干净的布对主燃油管进行清洁,并将燃油软管重新连接到主燃油管上。

（10）重新将电缆接回蓄电池负极端子上并紧固。

（11）检查燃油是否泄漏。

注意：避免橡胶或皮质零件接触到汽油。

如果蓄电池电压低于11V,在继续操作前应对蓄电池充电或更换蓄电池。

实践操作7：燃油泵不工作故障检测

1. 燃油泵控制线路检测

燃油泵控制线路检测步骤见表2-1。

表2-1 燃油泵控制线路检测步骤

步骤	措　施	操作演示	正常	不正常
1	用跨接线将油泵继电气插座上的两触点脚插孔短接,打开点火开关,观察油泵工作情况		至2	至9
2	检查继电气线圈电源插孔是否有电		至4	至3
3	检查熔丝盒内部油泵熔丝与油泵继电气线圈电源脚插孔间的连线			
4	检查继电气线圈输出脚插孔在打开点火开关时是否有控制信号输入		至5	至6

续表

步骤	措　　施	操作演示	正常	不正常
5	检查、更换油泵继电气			
6	检查继电气线圈输出脚插孔至ECUA6脚间的线路		至8	至7
7	处理继电气线圈输出脚插孔至ECUA6脚间的线路连接			
8	检查点火开关控制输入、ECU			
9	检查继电气触点电源脚插孔是否有电		至12	至10
10	检查继电气触点电源脚插孔的电源电路			至11
11	处理继电气触点电源脚插孔的电源电路问题			
12	检查继电气触点输出脚插孔是否通负极		至13	至14
13	检查、更换油泵继电气			
14	检查继电气触点输出脚插孔与油泵间的电路是否通负极		至18	至15

续表

步骤	措　施	操作演示	正常	不正常
15	检查油泵搭铁		至 17	至 16
16	恢复油泵搭铁			
17	检查油泵线圈电阻，若不正常则更换油泵			
18	检查继电气触点电源脚插孔与油泵间线路插接器是否接触良好		至 19	至 20
19	继电气触点电源脚插孔与油泵间线路故障			
20	重新使继电气触点电源脚插孔与油泵间线路插接器接触良好			

2. 燃油泵检测

1）就车检查（图 2-78）

（1）就车检查，排除燃油泵电源熔丝、控制线路和油泵继电气的故障。

（2）打开点火开关，不起动发动机，燃油泵应发出 3s 左右的运转声。仔细听燃油泵运转的声音，也可以用手检查输油软管有无压力。如不能起动或起动后噪声很大，则应拆检燃油泵。

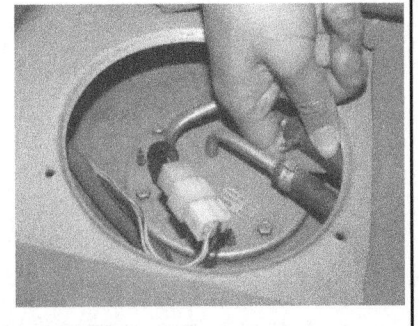

图 2-78　就车检查

2）拆卸后检查

（1）电阻检查。用万用表测量燃油泵两接线端子之间的电阻，其电阻值为 2～3Ω（图 2-79）。

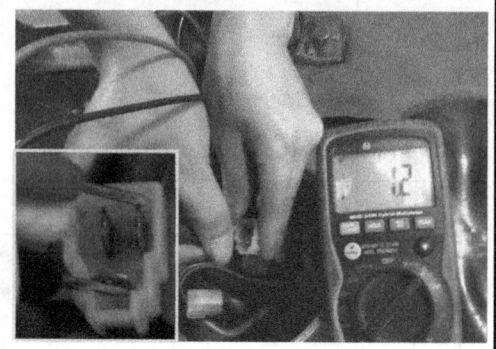

图 2-79　检查电阻

（2）输油压力检查。接 12V 电源，在汽油中试运转，观察燃油泵输油管中是否有油输出，检查输油压力。

实践操作 8：喷油器及其控制电路检测

1. 喷油器控制电路检测

1）喷油器电源线的检测

（1）拔下喷油器插头。

（2）打开点火开关。

（3）用试灯或万用表检测喷油器电源线。若没有 12V 电压，则要检测发动机主继电气供电（图 2-80）。

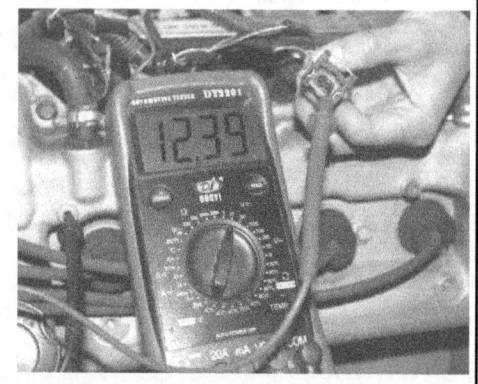

图 2-80　检测喷油器电源线

2）喷油器喷油控制线的检测

（1）线路检测。拔下喷油器插头，检测控制线，应有 4V 左右电压（图 2-81）。

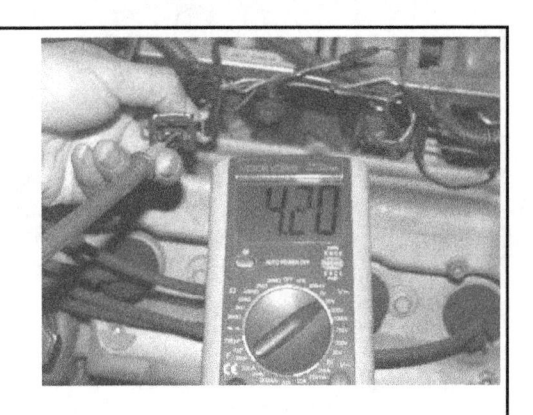

图 2-81 检测控制线

（2）喷油控制检测。
① 在喷油器插头处插入一根大头针。
② 起动发动机。
③ 用试灯检测 ECU 是否控制喷油器搭铁（有控制，试灯会闪烁）。若没有控制，则要检测喷油控制信号及 ECU。

2. 喷油器检测
1）喷油器电阻检测
（1）拔下喷油器插头（图 2-82）。

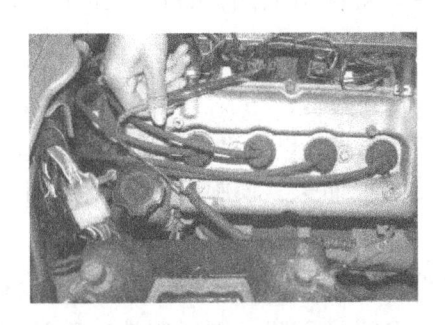

图 2-82　拔下喷油器插头　　　　图 2-83　测量喷油器电阻

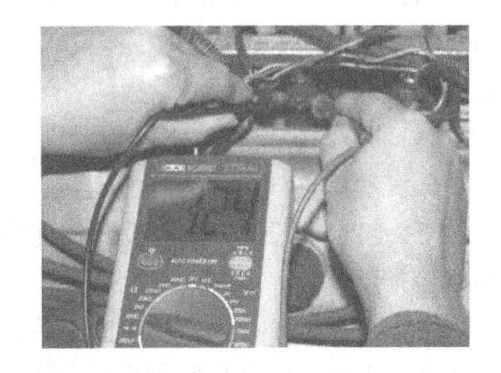

（2）万用表选择 200Ω 挡。
（3）用万用表两表笔分别测量喷油器两插脚，电阻值应为 12~14Ω（图 2-83）。
2）喷油器通电检测
（1）在喷油器插头控制线处插入一根大头针（或专用检测线）。
（2）将点火开关旋至 ON 位置，给喷油器提供电源。
（3）用普通灯泡试灯夹负极，反复触碰喷油器插头处的大头针。若喷油器线圈正常、柱塞运动正常、电源线正常，应能听到喷油器工作的声音（图 2-84）。

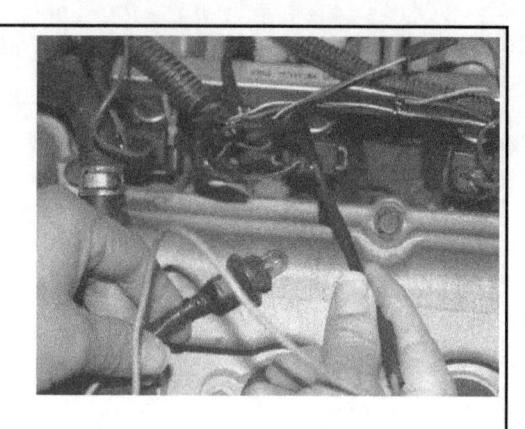

图 2-84 喷油器通电检测

3）喷油器工作声音的测听

（1）发动机热车后使其怠速运转。

（2）用听诊器听各缸工作的声音。

① 在发动机运转时，应能听到喷油器有节奏的"嗒嗒"声。若各缸喷油器工作声音清脆均匀，则说明喷油器工作正常。

② 若某缸喷油器的工作声音很小，则说明该喷油器工作不正常，可能是针阀卡滞，应做进一步检查。

③ 若听不到某缸喷油器声音，说明该喷油器不工作。对此应检查喷油器控制线路或测量喷油器电磁线圈电阻。若二者都正常，则说明喷油器针阀完全卡死，应更换喷油器。

4）喷油器断缸检查

（1）发动机热车后使其怠速运转。

（2）关闭点火开关，依次拔下各缸喷油器的线束插头，使喷油器停止喷油，进行断缸检查。

（3）若拔下某缸喷油器线束插头后，发动机转速瞬间明显下降，则说明喷油器工作正常；反之，若拔下线束插头后发动机转速无明显下降，则说明该缸喷油器不工作或工作不良，应做进一步检查。

5）喷油器泄漏情况检查

（1）将喷油器装入油轨，用绳索将喷油器绑牢在油轨上。

（2）将进油管接好。

（3）用一根跨接线将油泵继电气短接，打开点火开关，但不起动发动机，让电动汽油泵运转。

（4）观察喷油器喷口有无漏油。要求喷油器1min内的漏油量不大于1滴。若漏油量超过标准，则应更换喷油器。

6）喷油器喷油量的检测

(1) 进行泄漏测试之后，继续让电动汽油泵运转。

(2) 用专用连接线依次连接各喷油器和蓄电池，使喷油器喷油。

(3) 用量杯测量一定时间内（15s）的喷油量，一般为 25~30mL。每个喷油器应测试 2~3 次。如喷油量不符合标准值，应清洗或更换喷油器。

(4) 同一台发动机各缸喷油器的喷油量之差应小于总喷油量的 10%，否则应清洗或更换喷油器。

(5) 测试结束后，关闭点火开关，拔掉短接线。

项目预案

问题：进行火花塞跳火检查时触电。

解决措施：操作时戴上橡胶手套，身体其他部位不要接触车身。

项目评价（1 学时）

考核方式：现场操作。
评价标准：见表 2-2。

表 2-2 评分表

项目编号：

姓名：_____   学号：_____

作业开始时间：___时___分 作业结束时间：___时___分 作业用时：____

序号	项目	评分项目	评价标准	分数	学生自评	小组互评	教师评价
1	时间要求	按规定时间完成项目作业	酌情扣 1~5 分	5			
2	质量要求	选用工具恰当	酌情扣 1~5 分	5			
3		能正确检查 ECU 工作情况		15			
4		能正确检查转速信号		20			
5		能正确检查点火系统		20			
6		能正确检查燃油泵工作情况		10			
7		能正确检查喷油器工作情况		15			

序号	项目	评分项目	评价标准	分数	学生自评	小组互评	教师评价
8		及时清理工具和工作现场	酌情扣1~10分	10			
总分				100			

※发生重大事故（人身和设备安全事故），有违反维修原则和情节严重的野蛮操作等，采取一票否决制。

项目拓展

有一辆风行景逸SUV故障车，起动发动机时，起动机能带动发动机正常转动，有轻微的着车征兆，但不能起动。

试分析故障原因，并给出故障排除流程图。

项目三

▶▶▶▶ 发动机怠速运转异常故障

某 4S 店维修车间接到一辆小轿车，该车行驶了 65 000 公里，用户反映该车起动后发动机怠速运转异常。为完成维修任务，我们必须了解造成发动机怠速运转异常的主要原因（图 3-1）。

图 3-1　汽车出现故障

📂 项目要求

时间要求：30 学时。
质量要求：在满足厂家的生产规范及质量要求的前提下，熟练、快速地诊断与排除故障。
安全要求：严格按照安全操作规程进行项目作业。
文明要求：自觉按照文明生产规则进行项目作业。
环保要求：努力按照环境保护要求进行项目作业。

💡 项目分析（4 学时）

发动机怠速运转异常是发动机维修中的一个典型故障现象。如果出现了这种故障现象，原因很可能是怠速步进电动机、电子节气门、节气门位置传感器、油门踏板位置传感器、冷却液温度传感器、进气系统这些系统或部件中一个或多个出现故障。因此，在故障诊断与排除过程中，应集中在以下几个方面。

一、怠速步进电动机故障分析

怠速步进电动机在汽车怠速时通过来自ECM的信号控制进入发动机的气流量来稳定怠速，使发动机在各种工况下配气稳定，进气气流脉冲小，涡流少。它一般安装在节气门体上。如果出现故障，应对电动机本身、线路、控制等方面进行检查，并找出故障原因。

二、电子节气门故障分析

电子节气门由一个直流电动机和一个节气门位置传感器组成。直流电动机在驱动电流作用下旋转一定角度，通过齿轮传动机构，将直流电动机轴的运动传递给节气门轴，节气门轴带动节气门旋转到所需角度，改变进气通道的截面积，从而控制发动机的进气量。

三、节气门位置传感器故障分析

滑片电阻式节气门位置传感器主要由滑片电阻体、可动电刷触点、壳体、引线等组成，可动电刷触点与节气门轴同转。它实际为一个滑动电位计，输出与节气门开度成比例的电压信号。节气门开度小时输出电压低，开度大时输出电压高。如果出现故障，应对传感器本身、线路、信号等方面进行检查，并找出故障原因。

四、油门踏板位置传感器故障分析

油门踏板位置传感器（APS），主要应用在装备了电子节气门的车辆上。该传感器位于油门踏板附近，传感器的滑臂与油门踏板机械相连，当驾驶者驱动油门时，传感器的滑臂将发生上下运动，从而引起传感器信号电压的变化。油门踏板位置传感器的电气特性与节气门位置传感器基本相同，在它的总成内，包含了两个特性正好相反的位置传感器，借以实现对油门踏板开度的精确识别和测量。

五、冷却液温度传感器故障分析

冷却液温度传感器是一个负温度系数的热敏电阻，其电阻值根据冷却液温度的变化而变化。冷却液温度越低，其电阻越大；冷却液温度越高，其电阻越小。传感器的热敏电阻通过导线与 ECU 相连，并与 ECU 内部的分压电阻串联，形成分压电路。ECU 向该分压电路提供稳定的工作电压（一般为 5V），热敏电阻所获得的分压值即为测得的温度信号。温度升高时，热敏电阻的电阻值减小，相应的分压值降低；反之，温度降低时，相应的分压值升高。ECU 根据该分压值的大小，即可判断被测对象的温度。如果出现故障，应对传感器本身、线路、信号等方面进行检查，并找出故障原因。

六、进气系统漏气故障分析

拆下节气门体前的进气软管，使发动机怠速运行，堵住节气门进气口，若此时发动机不熄火，则故障为进气管外部漏气，应检查相关真空管路。若此时发动机熄火，则故障为进气口后有漏气现象，再将节气门体上的怠速空气道堵住，若此时发动机不熄火，则故障为节气门处有漏气现象，应予以处理；若此时发动机熄火，则故障为怠速步进电动机开度过大，应做进一步检查及处理。

项目路径

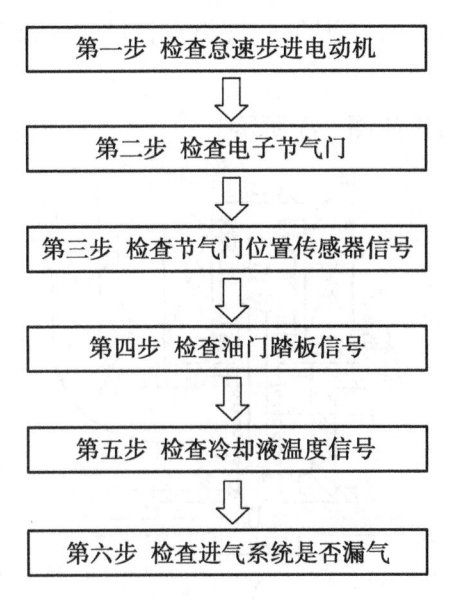

第一步 检查怠速步进电动机
↓
第二步 检查电子节气门
↓
第三步 检查节气门位置传感器信号
↓
第四步 检查油门踏板信号
↓
第五步 检查冷却液温度信号
↓
第六步 检查进气系统是否漏气

项目步骤（24 学时）

第一步：检查怠速步进电动机

怠速步进电动机是一个根据 ECU 指令来控制怠速转速的电子执行部件。

理论链接1：怠速步进电动机的安装位置、功用、结构及工作原理

1. 怠速步进电动机的安装位置

怠速步进电动机安装在节气门体上，如图3-2所示。

图3-2 安装位置

2. 功用

怠速步进电动机在汽车怠速时通过来自ECM的信号控制进入发动机的气流量来稳定怠速，使发动机在各种工况下配气稳定，进气气流脉冲小，涡流少。

3. 结构

怠速步进电动机的结构如图3-3所示。

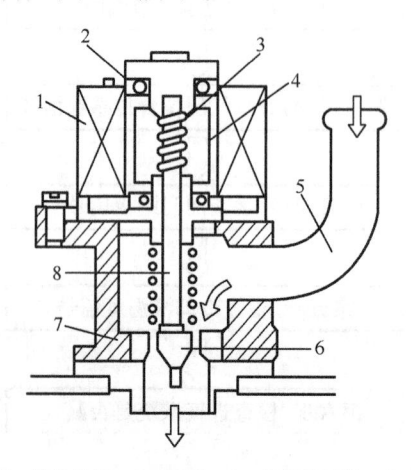

1—定子绕组；2—轴承；3—进给丝杠；4—转子；5—怠速空气道；6—阀芯；7—阀座；8—阀轴

图3-3 怠速步进电动机结构图

4. 工作原理

ECU通过改变各引脚的正负极性，驱动阀芯进退，从而改变怠速空气道的大小，满足不同怠速负荷下空气的需求量。怠速步进电动机控制电路原理图如图3-4所示。

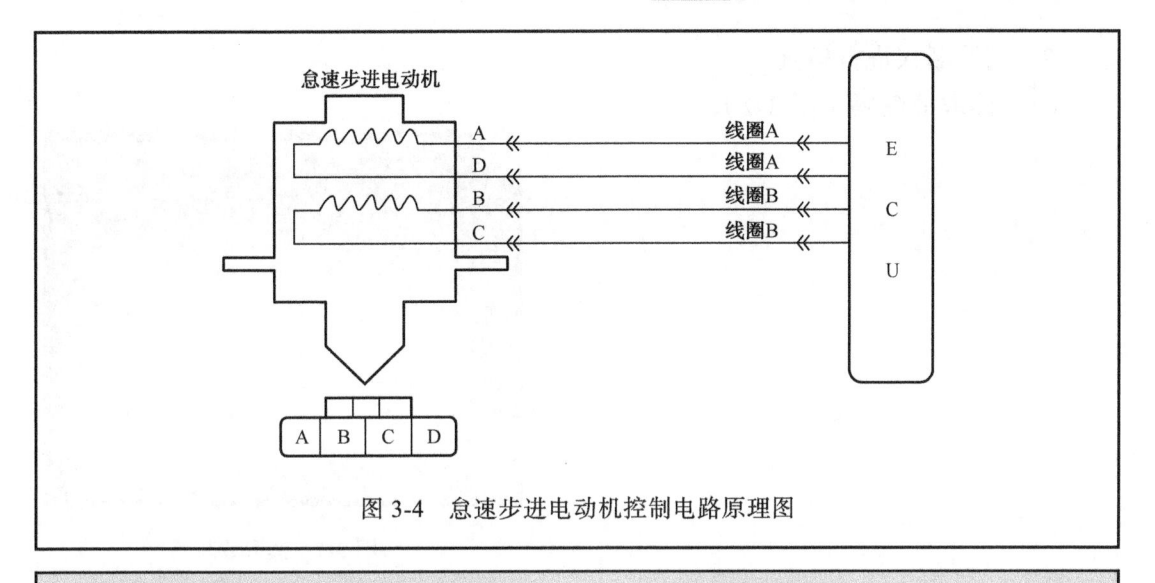

项目 三　发动机怠速运转异常故障

图 3-4　怠速步进电动机控制电路原理图

实践操作 1：怠速步进电动机的检查

1. 外部检查

（1）检查插头连接情况（图 3-5）。

图 3-5　检查插头连接情况

（2）用手触摸电动机，打开和关闭点火开关，感觉电动机是否有工作的振动现象（图 3-6）。

图 3-6　触摸检查

67

2. 用诊断仪进行检查
（1）读取故障码（图3-7）。

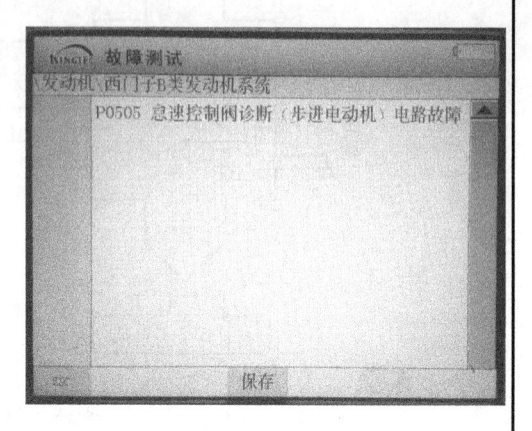

图 3-7　读取故障码

（2）读取动态数据流（图3-8）。

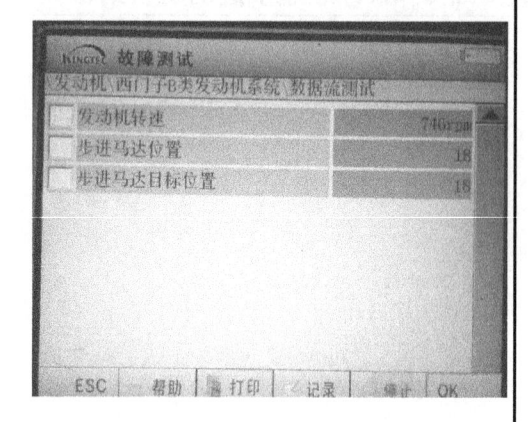

图 3-8　读取动态数据流

3. 用万用表进行检查
（1）检测电压：电压为12V（图3-9）。

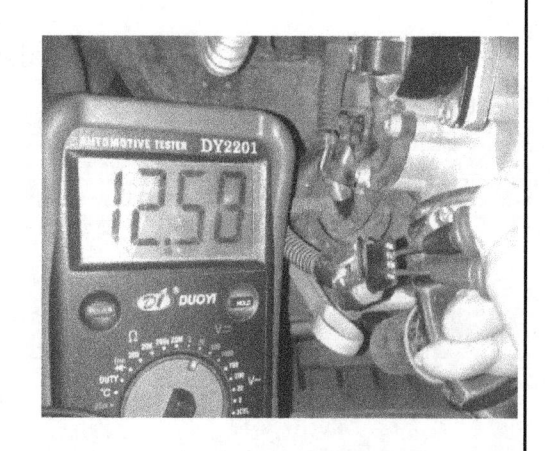

图 3-9　检测电压

（2）检测电阻：电阻为 52~56Ω（图 3-10）。

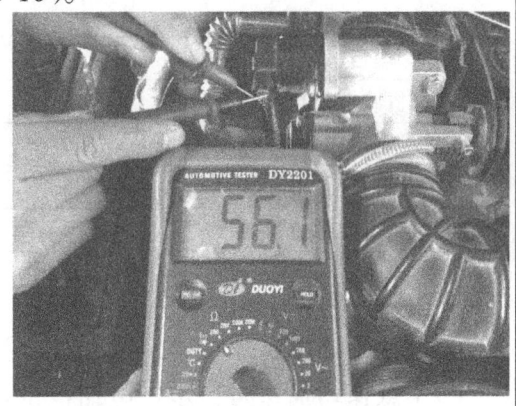

图 3-10　检测电阻

实践操作 2：检查过程记录

1. 线路和控制信号检测（表 3-1）

表 3-1　检测记录表

端子	断开插接件，打开点火开关			接上插接件，急速/加速/减速		
	电压	试灯"+"	试灯"-"	电压	试灯"+"	试灯"-"
A						
B						
C						
D						
结论	电路图：					

2. 读取故障码和数据流（表 3-2）

表 3-2　记录表

项目	静态	急速	加速	断缸	进气管漏气
冷却液温度					
发动机转速					
计算喷油时间					

续表

项目	静态	急速	加速	断缸	进气管漏气
发动机状态信息					
设定急速					
步进电动机位置					
步进电动机目标位置					

数据流分析：

（1）该发动机急速设定值（80℃）为_____

（2）急速与加速时，步进电动机位置变化情况，简要说明原因：

（3）断缸与进气管漏气时，步进电动机位置变化情况，简要分析其原因：

3. 故障诊断与排除（表 3-3，分组完成）

表 3-3　故障诊断与排除表

一	确认故障		
1	起动前安全检查	完成（　）	未完成（　）
2	起动发动机，观察发动机故障指示灯状态	点亮（　）	不亮（　）
3	观察发动机运行状态	急速：	加速：
		高速：	
二	正确读取故障代码及数据流		
1	读取故障代码（P　　　）	代码定义：	
2	读取急速时的数据流	发动机冷却液温度：_____℃ 电瓶电压：_____V 发动机转速：_____r/min 计算喷油时间组 1：_____ms 发动机状态信息：_____ 设定急速：_____ 点火提前角：_____ 步进电动机位置：_____ 步进电动机目标位置：_____	

项目三 发动机怠速运转异常故障

续表

三	小组讨论，分析可能的故障原因：	
四	你认为有故障的部位检查及测量记录	
1	故障部位：	
2	检查及记录：	
五	故障点确认及排除	
1	故障点确认：	
2	故障点排除说明：	
六	清除故障代码	
七	验证故障是否排除	是（ ）否（ ）

第二步：检查电子节气门

驾驶员操纵加速踏板时，加速踏板位置传感器产生相应的电压信号输入节气门控制单元，控制单元首先对输入的信号进行处理，然后根据当前的工作模式、踏板移动量和变化率解析驾驶员意图，计算出对发动机扭矩的基本需求，结合其他信号计算得到相应的节气门转角的基本期望值。ECU通过驱动控制电动机使节气门达到最佳开度。

理论链接2：电子节气门的安装位置、功用、结构及工作原理

1. 安装位置

电子节气门安装在节气门体上（图3-11和图3-12）。

图3-11 电子节气门　　图3-12 安装位置

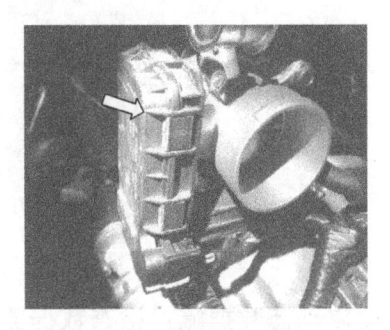

2. 功用

电子节气门能根据驾驶员的需求及整车各种行驶状况确定最佳开度，保证车辆最佳的动力性和燃油经济性，并具有牵引力控制、巡航控制等控制功能，可提高安全性和乘坐舒适性。

3. 结构

电子节气门由一个直流电动机和一个节气门位置传感器组成。

4. 工作原理

电子节气门电路原理图如图 3-13 所示。直流电动机在驱动电流作用下旋转一定角度，通过齿轮传动机构，将直流电动机轴的运动传递给节气门轴，节气门轴带动节气门旋转到所需角度，改变进气通道的截面积，从而控制发动机的进气量。同时，由于节气门轴的转动，使节气门位置传感器输出的信号发生变化，发动机控制单元根据信号值可确定节气门的开度位置。节气门位置传感器由两个反向信号计组成，一个反映节气门的正向开度位置，另一个反映节气门的反向开度位置，比较两个信号计的信号值可检查其工作状态。

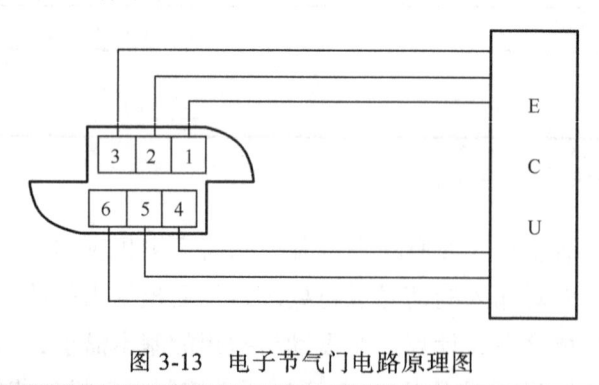

图 3-13 电子节气门电路原理图

实践操作 3：电子节气门的检查

1. 用诊断仪检查

（1）读取故障码：检查系统中是否存在电子节气门传感器故障码（图 3-14）。

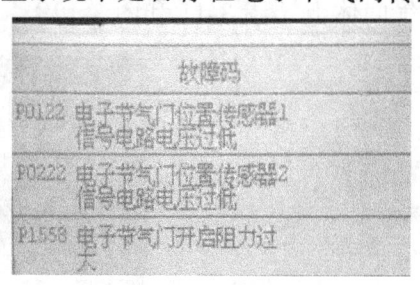

故障码
P0122 电子节气门位置传感器1信号电路电压过低
P0222 电子节气门位置传感器2信号电路电压过低
P1558 电子节气门开启阻力过大

图 3-14 读取故障码

（2）读取动态数据流：检查数据流是否正常（图 3-15）。

项目三 发动机怠速运转异常故障

图 3-15 读取动态数据流

2. 用万用表直流 20V 挡测量电源电压为 5V（图 3-16）。

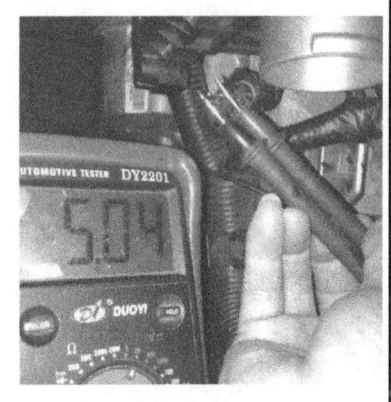

图 3-16 测量电源

3. 节气门体的清洗
应定期对节气门体进行检查与清洗（图 3-17）。

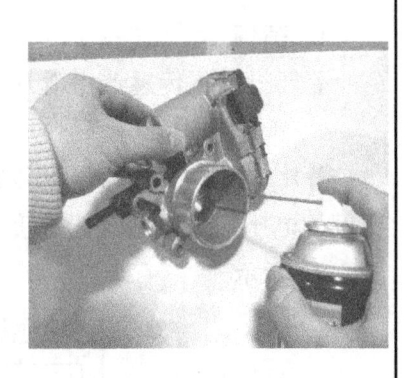

图 3-17 清洗节气门体

第三步：检查节气门位置传感器

理论链接 3：节气门位置传感器的安装位置、功用、类型、结构和工作原理

1. 安装位置
节气门位置传感器安装在节气门体上（图 3-18）。

73

图 3-18 安装位置

2. 功用

节气门位置传感器反映节气门开度的大小和动作的快慢,是 ECM 判定负荷大小的依据。同时它提供急速控制、急加速控制、急减速控制、断油控制、异步喷射、点火提前修正控制的主要信号。一般与节气门同轴安装。

3. 类型

节气门位置传感器的类型有滑片电阻式节气门位置传感器(重点讲解)、开关式节气门位置传感器(简要介绍)和综合式节气门位置传感器(简要介绍)。

4. 结构

节气门位置传感器由滑片电阻体、可动电刷触点、壳体、引线等组成。

5. 工作原理

滑片电阻式节气门位置传感器实际为一个滑动电位计,其输出与节气门开度成比例的电压信号。节气门开度小时输出电压低,开度大时输出电压高。其电路图如图 3-19 所示。

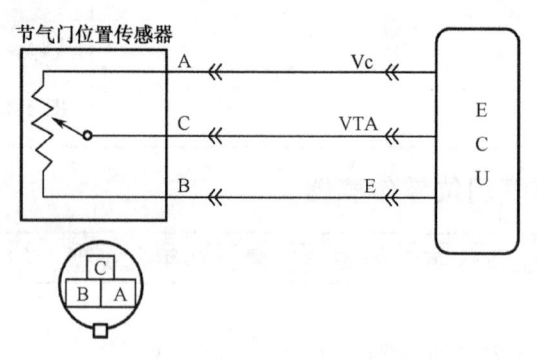

图 3-19 节气门位置传感器电路图

项目 三　发动机怠速运转异常故障

实践操作4：节气门位置传感器的检查

1. 用诊断仪检查

（1）读取故障码：检查系统中是否存在节气门位置传感器的故障码记录（图3-20）。

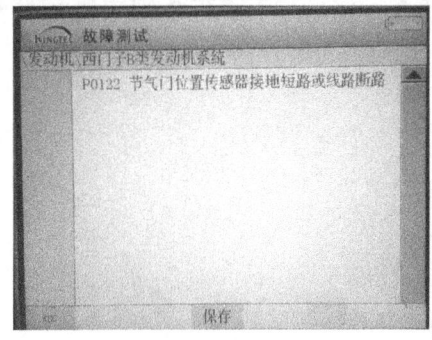

图3-20　读取故障码

（2）读取动态数据流：检查数据流是否正常（图3-21）。

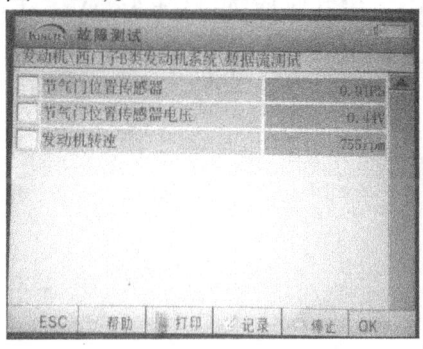

图3-21　读取动态数据流

2. 用万用表测量

1）电压法

（1）传感器5V基准电压的检测（图3-22）。

图3-22　检测5V基准电压

若检查传感器端没有 5V 电源,则应进一步检查 ECU 端的 5V 电压输出是否正常;若仍不正常,则检测或更换 ECU。

(2)传感器输出信号电压的检测。

打开点火开关,用万用表检测传感器信号线与地线之间的电压,全闭时应为 0.3~0.5V,若不正常则应进行调整(图 3-23)。

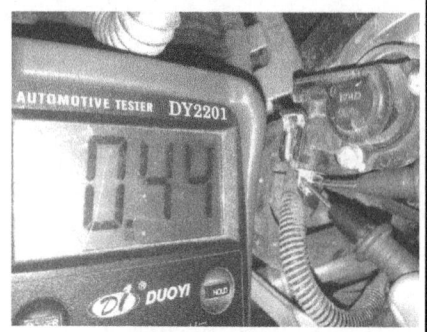

图 3-23 全闭时的电压

全开时应为 4.0~4.85V,并且节气门变化时电压值应是平滑变化的。若不正常应调整或更换传感器(图 3-24)。

图 3-24 全开时的电压

2)电阻法

用万用表检测传感器信号线与地线之间的电阻,全闭时应为 2.5kΩ 左右(图 3-25)。

图 3-25 全闭时的电阻

全开时应为 8kΩ 左右，并且节气门变化时阻值应是平滑变化的（图 3-26）。

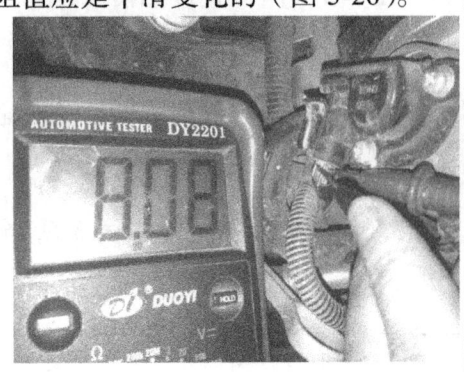

图 3-26　全开时的电阻

实践操作 5：节气门位置传感器检查过程记录

1. 节气门位置传感器检测（电阻法，表 3-4）

表 3-4　电阻法检测记录表

检查项目	节气门位置传感器电阻的检测（单位：Ω）		
	标准值（要求）	测量值（现状）	评价
外观检查			□合格　□不合格
插座及线束检查			□合格　□不合格
Vc – E（从全关至全开）			□合格　□不合格
VTA – E（全关）			□合格　□不合格
VTA – E（全开）			□合格　□不合格
VTA – E（从全关至全开变化的连续性）			□合格　□不合格
综合评定：			

2. 节气门位置传感器检测（电压法，表 3-5）

表 3-5　电压法检测记录表

检查项目	节气门位置传感器电压的检测（单位：V）		
	标准值（要求）	测量值（现状）	评价
外观检查			□合格　□不合格
插座及线束检查			□合格　□不合格
Vc – E2（全关/全开）			□合格　□不合格
VTA – E2（全关）			□合格　□不合格
VTA – E2（全开）			□合格　□不合格
综合评定：			

（1）节气门位置传感器的作用、类型、信号输出特性。

（2）节气门位置传感器全关及全开时的电压一般为多少伏？

3. 故障诊断与排除（表 3-6，分组完成）

表 3-6　故障诊断与排除表

一	确认故障		
1	起动前安全检查	完成（　）	未完成（　）
2	打开点火开关，发动机故障指示灯指示状态	点亮（　）	不亮（　）
3	观察发动机运行状态	急速：	加速：
		高速：	
二	正确读取故障代码及数据流		
1	读取故障代码（P　　　　）	代码定义：	
2	读取急速、加速时的数据流	发动机转速：＿＿＿＿＿＿＿＿＿＿r/min 节气门位置传感器：＿＿＿＿＿＿＿ 节气门位置电压：＿＿＿＿＿＿＿＿ 发动机状态信息：＿＿＿＿＿＿＿＿ 发动机全负荷段：＿＿＿＿＿＿＿＿ 节气门关闭：＿＿＿＿＿＿＿＿＿＿	
三	小组讨论，分析可能的故障原因：		
四	你认为有故障的部位检查及测量记录		
1	故障部位：		
2	检查及记录：		
五	故障点确认及排除		
1	故障点确认：		
2	故障点排除说明：		
六	清除故障代码		
七	验证故障是否排除	是（　）	否（　）

第四步：检查加速踏板位置传感

加速踏板位置传感器安装在加速踏板内部，当它监测到加速踏板的位置有变化时，立即将加速踏板位置和踏板转动角速度等信号传送给发动机控制单元（ECU）。

> **理论链接 4：加速踏板位置传感器的安装位置、功用、类型和工作原理**
>
> 1. 安装位置
>
> 加速踏板位置传感器一般安装在驾驶员座舱制动踏板右侧（图 3-27）。 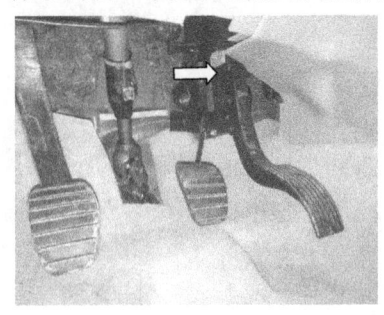
>
> 图 3-27　安装位置
>
> 2. 功用
>
> 加速踏板位置传感器的作用是将加速踏板的开度位置转变成信号电压或速率电压传送给电控单元（ECU）。
>
> 3. 类型
>
> 加速踏板位置传感器分为接触式和非接触式。
>
> 4. 工作原理
>
> 当驾驶员通过加速踏板将发动机实时扭矩需求提供给 ECU 时，ECU 根据获得的扭矩需求信息将脉冲电信号发送到电子节气门，带动其内部的电动机转动，从而使节气门获得需要的开度。根据 ECU 提供的脉冲信号的频率和脉宽，电子节气门可停留在某一固定的位置或根据需要改变某一位置以满足发动机各种不同工况需求（图 3-28）。 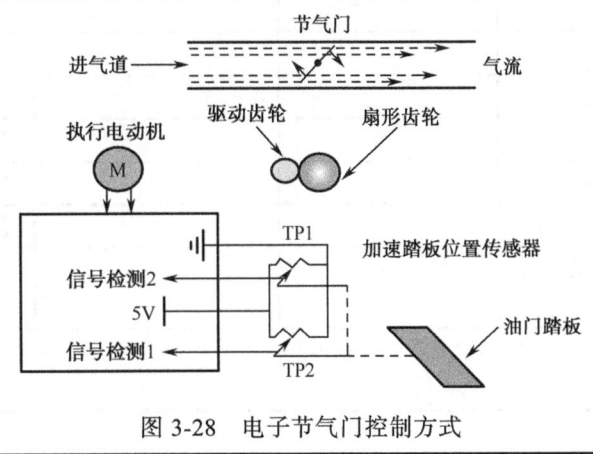
>
> 图 3-28　电子节气门控制方式

实践操作6：加速踏板位置传感器的检查

1. 用诊断仪检查

（1）读取故障码：检查系统中是否有电子油门踏板位置传感器故障码记录（图3-29）。

（2）读取动态数据流：检查数据流是否正常（图3-30）。

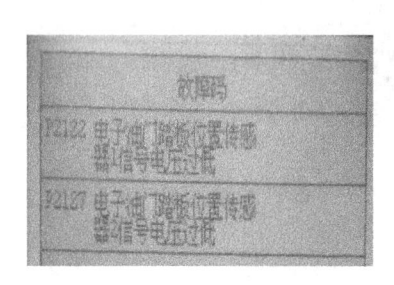

图3-29 读取故障码　　　　　图3-30 读取动态数据流

2. 用万用表测量

用20kΩ挡检测踏板信号，电阻应随着踏板的加、减速移动而变化。

实践操作7：检查过程记录

1. 油门踏板位置传感器检测（表3-7）

表3-7 检测记录表

检查项目	油门踏板位置传感器电路的检测		
	标准值（要求）	测量值（现状）	评价
外观检查			□合格　□不合格
插座及线束检查			□合格　□不合格
工作条件检查			□合格　□不合格
信号电压1检查（全关）			□合格　□不合格
信号电压1检查（全开）			□合格　□不合格
信号电压2检查（全关）			□合格　□不合格
信号电压2检查（全开）			□合格　□不合格
信号电压1、2之和的检查（从全关至全开）			□合格　□不合格
综合评定：			

2. 故障诊断与排除（表 3-8，分组完成）

表 3-8　故障诊断与排除表

一	确认故障	
1	起动前安全检查	完成（　）　未完成（　）
2	打开点火开关，发动机故障指示灯指示状态	点亮（　）　不亮（　）
3	观察发动机运行状态	怠速：　　　　　　加速： 高速：
二	正确读取故障代码及数据流	
1	读取故障代码（P　　　）	代码定义：
2	读取怠速、加速时的数据流	发动机转速：_____r/min 踏板位置传感器 1 电压：_____ 踏板位置传感器 2 电压：_____ 节气门电位计 1 电压：_____ 节气门电位计 2 电压：_____ 加速踏板开度：_____ 节气门角度：_____
三	小组讨论，分析可能的故障原因：	
四	你认为有故障的部位检查及测量记录	
1	故障部位：	
2	检查及记录：	
五	故障点确认及排除	
1	故障点确认：	
2	故障点排除说明：	
六	清除故障代码	
七	验证故障是否排除	是（　）　否（　）

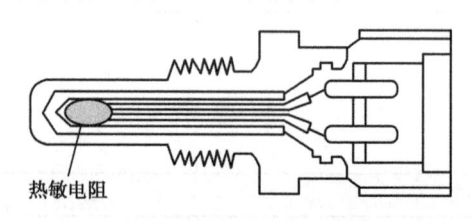

第五步：检查冷却液温度传感器

冷却液温度传感器的作用是测定冷却液温度，并向 ECU 输送对应的电信号。ECU 据此判别发动机处于什么工况（冷车、暖机、热机），进而修正基本喷油量。

理论链接 5：冷却液温度传感器的安装位置、功用、结构和工作原理

1. 安装位置

冷却液温度传感器一般安装在发动机的出水口，与冷却液接触（图 3-31）。

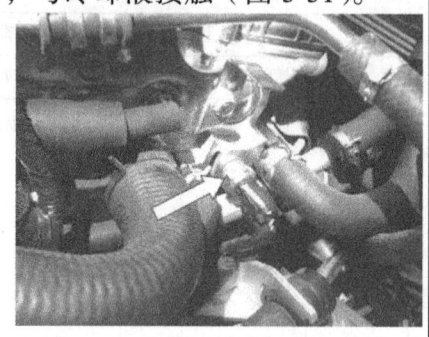

图 3-31　安装位置

2. 功用

冷却液温度传感器的作用是测定冷却液温度，把冷却液温度转换为电信号输入 ECU，作为 ECU 修正基本喷油量和点火提前角的一个重要依据，影响怠速控制阀和 EGR 阀。

3. 结构

冷却液温度传感器的结构如（图 3-32）所示。

图 3-32　冷却液温度传感器的结构

4. 工作原理

冷却液温度传感器是一个负温度系数的热敏电阻，其电阻值根据冷却液温度的变化而变化。冷却液温度越低，其电阻越大；冷却液温度越高，其电阻越小。

传感器的热敏电阻通过导线与 ECU 相连，并与 ECU 内部的分压电阻串联，形成分压电路。ECU 向该分压电路提供稳定的工作电压（一般为 5V），热敏电阻所获得的分压值即为测得的温度信号（图 3-33）。

项目 三　发动机怠速运转异常故障

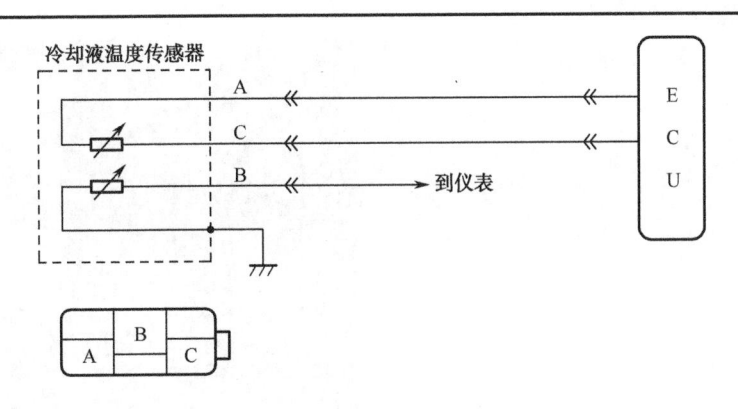

图 3-33　冷却液温度传感器电路图

温度升高时，热敏电阻的电阻值减小，其上的分压值降低；反之，温度降低时，其上的分压值升高。ECU 根据该分压值的大小，即可判断被测对象的温度。

实践操作 8：冷却液温度传感器的检查

1. 用诊断仪检查

（1）读取故障码：检查有无冷却液温度传感器故障记录（图 3-34）。

图 3-34　读取故障码

（2）读取动态数据流：起动发动机，观察仪器显示的冷却液温度是否变化正常。若不正常，则说明传感器可能有故障（图 3-35）。

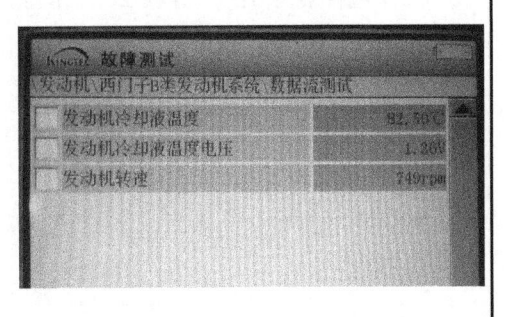

图 3-35　读取动态数据流

2. 用万用表测量

（1）电压法：用万用表直流电压 20V 挡测量传感器的输出电压，此电压应随温度的升高而降低。15℃左右的输出电压如（图 3-36）所示。

图 3-36　15℃左右的输出电压

85℃左右的输出电压如（图 3-37）所示。

图 3-37　85℃左右的输出电压

（2）电阻法：用万用表 20kΩ检测冷却液温度传感器在不同温度下的阻值，其温度与阻值的关系应符合规定。

常温下测量（20℃左右）如（图 3-38）所示。

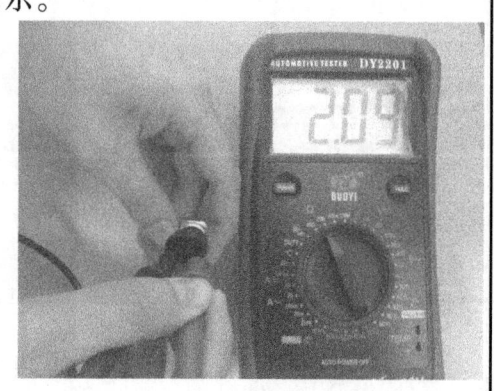

图 3-38　常温下测量

项目 三　发动机怠速运转异常故障

加热后测量（80℃左右）如（图3-39）所示。

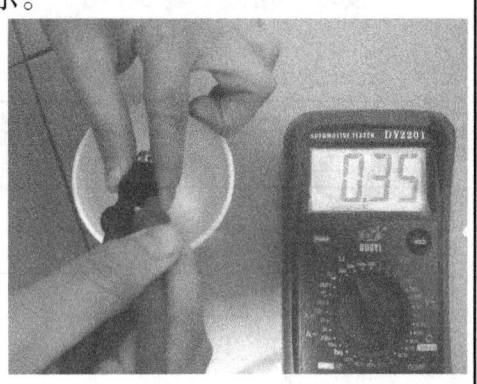

图 3-39　加热后测量

传感器的检测参数见表3-9。

表 3-9　检测参数表

传感器接口外形		负温度系数热敏电阻型		
类　型		负温度系数热敏电阻型		
线　号	功 能 定 义	检　测　参　数		
		线路状态	工作时	电阻值
A	冷却液温度信号线	20℃时约为4.0V	80℃时约为1.5V	20℃时为2.1kΩ
C	传感器搭铁线	0V	0V	80℃时为334Ω
B	水温表控制线	8.0V	随温度升高而降低	25℃时为650Ω
水温达到93℃左右，电子风扇开启；水温降至87℃，风扇停转；失效时，风扇常转				

实践操作9：检查过程记录

1. 冷却液温度传感器检测（表3-10）

表 3-10　检测记录表

项　目	温　度	实测电阻值	标准值	实测电压值	标准值	结　论
THW-E2	10℃					
	20℃					
	40℃					
	80℃					

85

2. 读取数据流（表3-11）

表3-11 读取数据流记录表

项目	断开	静态	急速	风扇开启	风扇关闭
电瓶电压					
冷却液温度					
冷却液温度电压					
进气温度					
进气温度电压					
发动机转速					
计算喷油时间					

3. 故障诊断与排除（表3-12，分组完成）

表3-12 故障诊断与排除表

一、确认故障		
1	起动前安全检查	完成（　）　未完成（　）
2	打开点火开关，发动机故障指示灯指示状态	点亮（　）　不亮（　）
3	观察发动机运行状态	急速：　　　　加速： 高速：
二、正确读取故障代码及数据流		
1	读取故障代码（P　　　　）	代码定义：
2	读取急速时的数据流	发动机转速：＿＿＿＿＿＿＿＿＿r/min 冷却液温度：＿＿＿＿＿＿＿＿＿ 冷却液温度传感器电压：＿＿＿＿＿＿＿＿＿ 燃油喷射时间：＿＿＿＿＿＿＿＿＿ 短期燃油修正组1：＿＿＿＿＿＿＿＿＿
三、小组讨论，分析可能的故障原因		
四、你认为有故障的部位检查及测量记录		
1	故障部位：	
2	检查及记录：	

续表

	五、故障点确认及排除		
1	故障点确认：		
2	故障点排除说明：		
六、清除故障代码		是（ ）	否（ ）
七、验证故障是否排除		是（ ）	否（ ）

第六步：检查进气系统是否漏气

进气系统漏气是指节气门之后的某个部位或多个部位出现与大气接通的现象。

理论链接6：进气系统漏气故障分析

1. 故障原因

一般情况下造成进气系统漏气的原因有：节气门漏气、真空管漏气、碳罐系统漏气、怠速电机漏气、其他密封部位漏气等。

真空管脱落如（图3-40）所示。

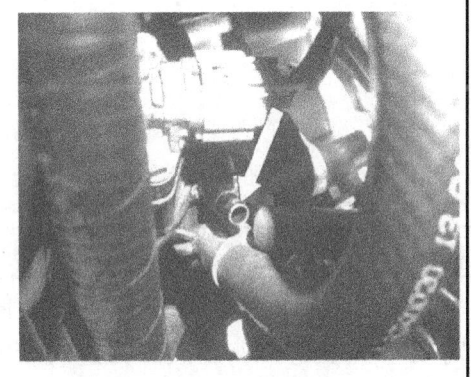

图3-40 真空管脱落

真空管老化破裂如（图3-41）所示。

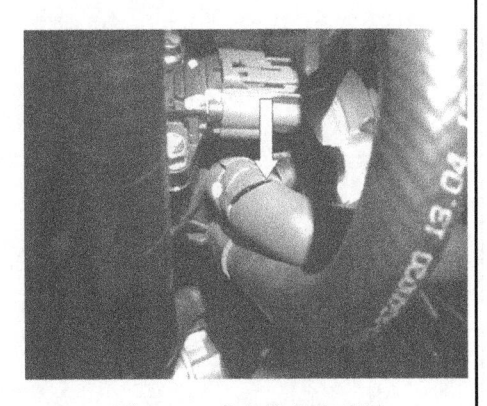

图3-41 真空管老化破裂

碳罐系统漏气如（图3-42）所示。

图3-42　碳罐系统漏气

2. 读取数据流

可根据数据流的变化来判断进气系统是否漏气（图3-43）。

图3-43　读取数据流

实践操作10：进气系统漏气检查

拆下节气门体前的进气软管，使发动机怠速运行，堵住节气门进气口，若此时发动机不熄火，则故障为进气管外部漏气，应检查相关真空管路和其他密封部位（图3-44）。

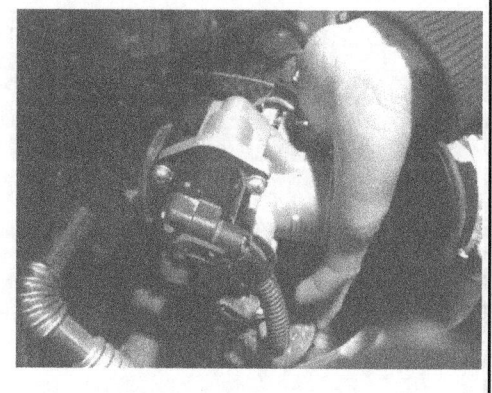

图3-44　堵住节气门进气口

若此时发动机熄火，则故障为进气口后有漏气现象，再将节气门体上的怠速空气道堵住，若此时发动机不熄火，则故障为节气门处有漏气现象，应予以处理（图3-45）。

图3-45 检查漏气情况

若堵住怠速空气道后发动机熄火，则故障为怠速步进电动机开度过大，应做进一步检查及处理。

主要参考数据流：发动机转速、歧管绝对压力值、怠速设定转速、步进电动机实际位置、步进电动机目标位置、怠速自学习调节值、怠速总调整值。

实践操作11：检查过程记录

分组完成故障诊断与排除（表3-13）。

表3-13　故障诊断与排除表

一、确认故障		
1	起动前安全检查	完成（　）未完成（　）
2	打开点火开关，发动机故障指示灯指示状态	点亮（　）不亮（　）
3	观察发动机运行状态	怠速：　　　　加速： 高速：
二、正确读取故障代码及数据流		
1	读取故障代码（P　　　）	代码定义：
2	读取怠速时的数据流	发动机冷却液温度：＿＿＿＿＿℃ 发动机转速：＿＿＿＿＿＿＿＿r/min 节气门位置传感器：＿＿＿＿＿＿ 节气门位置电压：＿＿＿＿＿＿＿ 歧管绝对压力值：＿＿＿＿＿＿＿ 节气门关闭：＿＿＿＿＿＿＿＿＿ 步进电动机位置：＿＿＿＿＿＿＿ 步进电动机目标位置：＿＿＿＿＿＿

续表

三、小组讨论，分析可能的故障原因		
四、你认为有故障的部位检查及测量记录		
1	故障部位：	
2	检查及记录：	
五、故障点确认及排除		
1	故障点确认：	
2	故障点排除说明：	
六、清除故障代码	是（　）	否（　）
七、验证故障是否排除	是（　）	否（　）

项目预案

问题：车辆在进行维修时更换新的怠速步进电动机后，首次起动会出现怠速运行不良或怠速转速异常现象。

解决措施：需要使怠速步进电动机进行自学习，因为更换的新步进电动机步数跟这辆车 ECU 里设定的步数不一样。

项目评价

考核过程评价表见表 3-14。

表 3-14　考核过程评价表

班级			学号			姓名		
车辆品牌					耗时			
序号	项目	评分项目	评价标准		分值	学生自评	学生互评	教师评价
1	时间要求	是否按规定时间完成操作	未按规定时间完成的酌情扣 1~5 分		5			

续表

序号	项目	评分项目	评价标准	分值	学生自评	学生互评	教师评价
2	质量要求	前期准备工作	漏一项扣2分 错一项扣2分	10			
3		外部系统检查	检测错误一项扣2分 判断错误一项扣2分	10			
4		读取故障代码	仪器操作错误扣5分 读取错误扣5分 填写不完整扣5分	10			
5		读取数据流	仪器操作错误扣5分 读取错误扣5分 读取不完整扣5分 填写不完整扣5分	20			
6		线路检测	检测错误一项扣5分 判断错误一项扣5分 漏检一项扣5分	30			
7	安全要求	遵守安全操作规程	酌情扣1~5分 出现安全事故计0分	5			
8	文明要求	按文明生产规则进行操作	酌情扣1~5分	5			
9	环保要求	符合环保要求	酌情扣1~5分	5			
		本项目得分		100			
		日期					

※发生重大事故（人身和设备安全事故），有违反维修原则和情节严重的野蛮操作等，采取一票否决制。

项目拓展（2学时）

小组通过讨论、查阅资料，分析发动机怠速抖动是由哪些原因引起的。

项目四

▶▶▶▶ 发动机怠速抖动故障

维修车间接到一辆 2008 年款五菱鸿途 1.2L 商用车,该车行驶了 7.5 万公里,用户反映该车发动机起动后,怠速抖动。为完成维修任务,我们必须了解引起发动机怠速抖动的原因,以及相应的检查方法(图 4-1)。

图 4-1　故障车

项目要求

时间要求:30 学时。

质量要求:在满足厂家的生产规范及质量要求的前提下,熟练、快速地诊断与排除故障。

安全要求:严格按照安全操作规程进行项目作业。

文明要求:自觉按照文明生产规则进行项目作业。

环保要求:努力按照环境保护要求进行项目作业。

项目分析

发动机怠速抖动同样是电控发动机的典型故障之一。如果出现了发动机怠速抖动的故障，原因很可能是发动机点火系统、燃油系统、传感器信号系统和进排气系统中一个或多个系统工作不良或信号不良。因此，在故障诊断与排除过程中，应主要针对以上四个系统。

一、点火系统故障分析

点火系统的主要装置是点火线圈、高压线和火花塞等。引起发动机怠速抖动的主要原因是点火线圈工作不良或漏电、高压线工作不良或漏电、火花塞不跳火、跳火不良、积炭、漏电等。

二、燃油系统故障分析

燃油系统故障导致发动机怠速抖动的主要原因是燃油系统油压不足、喷油器喷油雾化不良或个别喷油器不喷油等。所以诊断故障时，首先要检查是否有汽缸不工作，再检查点火是否正常，确认喷油是否有故障。

三、传感器信号系统故障分析

传感器信号系统导致发动机怠速抖动的主要原因有曲轴位置信号不良、氧传感器信号不良、进气压力信号不良、空气流量计信号不良等。

四、进排气系统故障分析

进气系统故障主要是进气不稳，如节气门积炭、VVT 电磁阀工作不良等。排气系统故障主要是排气堵塞或废气再循环阀漏气等。

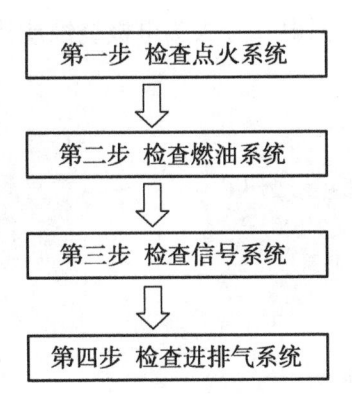

项目路径

第一步 检查点火系统
↓
第二步 检查燃油系统
↓
第三步 检查信号系统
↓
第四步 检查进排气系统

项目步骤

第一步：检查点火系统

主要检查点火线圈工作不良或漏电、高压线工作不良或漏电、火花塞不跳火、跳火不良、积炭、漏电等。点火系统工作原理已在本书项目二中讲述，在此不再赘述。在检测点火系统之前应做断缸试验，确定有一个或多个汽缸工作不良。

理论链接1：点火系统工作不良分析

1. 点火模块与点火线圈

近些年各车型多将点火模块与点火线圈制成一体，点火模块或点火线圈有故障主要表现为高压火花弱或火花塞不点火。常见原因有：点火触发信号缺失，点火模块有故障，点火模块供电或接地线的连接松动、接触不良，初级线圈或次级线圈有故障等（图4-2）。

图4-2　点火模块与点火线圈

2. 火花塞与高压线

火花塞、高压线故障会导致火花能量下降或失火。常见原因有：火花塞间隙不正确，火花塞电极烧蚀或损坏，火花塞电极有积炭，火花塞绝缘体有裂纹，高压线电阻过大，高压线绝缘外皮或插头漏电，分火头电极烧蚀或绝缘不良（图4-3和图4-4）。

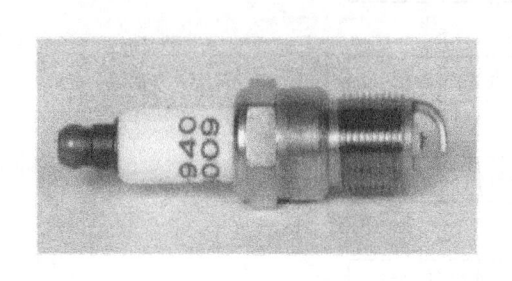

图4-3　火花塞 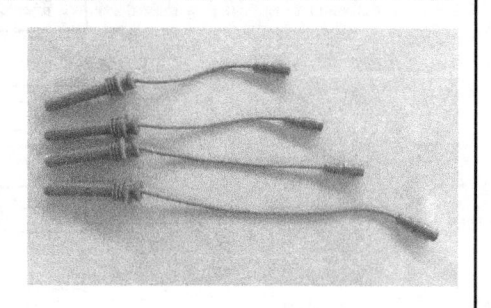　　　　图4-4　高压线

3. 点火提前角失准

传感器及线路故障属于引起怠速不稳的间接原因，控制单元发出错误指令，使点火提前角不正确，或造成点火提前角大范围波动。常见原因有：空气流量计或进气压力信号故障，霍尔传感器故障，冷却液温度传感器故障，进气温度传感器故障，爆震传感器故障，以上传感器的线路有断路、短路、接地故障，发动机控制单元因进水引起插头接触不良或内部电路损坏（图 4-5）。

图 4-5　点火提前角失准

实践操作 1：检查点火系统是否工作不良

1. 火花塞积炭情况的检查

（1）拆下高压线罩（图 4-6）。

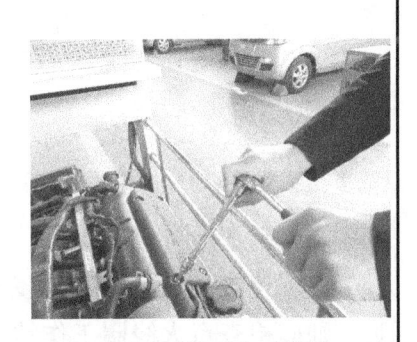

图 4-6　拆下高压线罩

（2）拆下所有火花塞（图 4-7）。

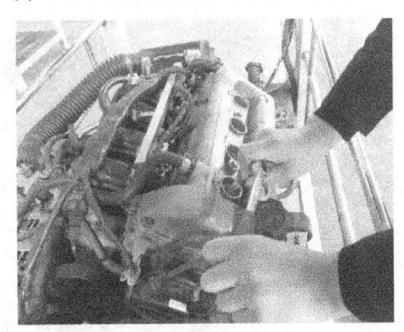

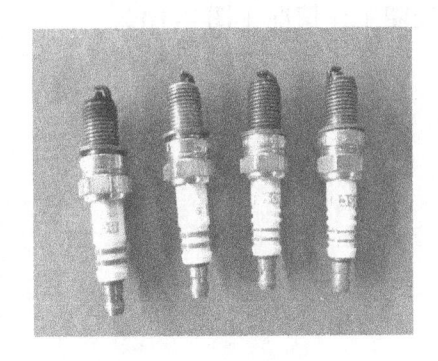

图 4-7　拆下所有火花塞

（3）检查火花塞有无积炭。若有轻微积炭，应进行积炭清理；若有严重积炭或烧蚀，则应更换新的火花塞（图 4-8）。

图 4-8　检查火花塞有无积炭

2. 火花塞跳火情况的检查

（1）拔下所有喷油器插接器（图 4-9）。

图 4-9　拔下所有喷油器插接器

（2）拆下所有火花塞。

（3）连接高压线，起动发动机检查火花塞工作情况。若所有火花塞都工作不良，则应检查点火线圈工作情况。若个别火花塞工作不良，则可采取互换法检查，若此时跳火良好，则应处理或更换原火花塞；若无变化，则应进一步检查高压线及点火线圈工作情况（图 4-10）。

图 4-10　检查火花塞工作情况

3. 高压线电阻检查

使用万用表电阻挡，检测所有高压线的电阻，检测结果应符合标准值，若不正常应更换高压线（图 4-11）。

图 4-11　使用万用表电阻挡测量

首先校对万用表，如图 4-12 所示。

图 4-12　校对万用表

然后测量高压线电阻，如图 4-13 所示。

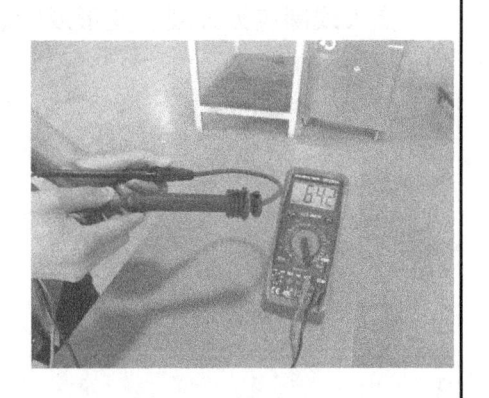

图 4-13　测量高压线电阻

4. 高压线漏电检查

自制漏电检测探棒，如图 4-14 所示。

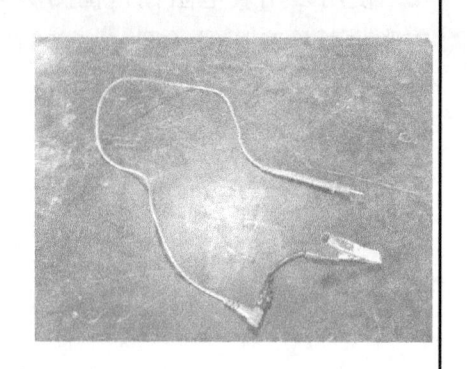

图 4-14　自制漏电检测探棒

起动发动机，使用检测探棒沿高压线进行检测（检测探棒一端接负极），如图 4-15 和图 4-16 所示。

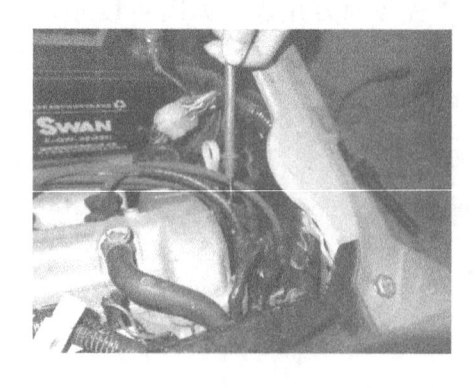

图 4-15　起动发动机　　　图 4-16　用检测探棒进行检测

若有漏电点，则应更换高压线。

5. 点火线圈外观检查

点火线圈应无开裂、变形或断裂破损等（图 4-17）。

图 4-17　外观检查

6. 点火线圈漏电检查（方法和高压线漏电检查相同）

（1）自制漏电检测探棒。

（2）起动发动机，使用检测探棒沿点火线圈四周进行检测。

（3）若有漏电点，则应更换点火线圈。

第二步：检查燃油系统

主要检查喷油器是否工作不良或漏油、燃油系统压力是否正常等。

理论链接 2：燃油系统工作不良分析

1. 喷油器故障

喷油器的喷油量不均、雾化不好，造成各汽缸发出的功率不平衡。常见原因有：喷油器堵塞、密封不良、喷出的燃油呈线状等。

2. 燃油压力故障

油压过低，从喷油器喷出的燃油雾化状态不良或者喷出的燃油呈线状，严重时只喷出油滴，喷油量减少使混合气过稀；油压过高，实际喷油量增加，使混合气过浓。常见原因有：燃油滤清器堵塞，燃油泵滤网堵塞，燃油泵的泵油能力不足，燃油泵安全阀弹簧弹力过小，进油管变形，燃油压力调节器有故障，回油管压瘪堵塞。

3. 喷油量失准

各传感器或线路故障，导致控制单元发出错误指令，使喷油量不正确，造成混合气过浓或过稀，属于怠速不稳的间接原因。具体原因有：空气流量计（或进气歧管压力传感器）故障，节气门位置传感器故障，节气门怠速开关故障，冷却液温度传感器故障，进气温度传感器故障，氧传感器失效，以上传感器的线路有断路、短路、接地故障，发动机控制单元插头因进水接触不良或计算机内部故障。

实践操作 2：喷油器不工作或工作不良诊断

1. 起动前安全检查

（1）安放三角木。　　　　　　　　　　完成（　　）

（2）拉起手刹。　　　　　　　　　　　完成（　　）

（3）将变速杆置于空挡。　　　　　　　完成（　　）

2. 起动验证故障

（1）检查发动机是否抖动（图 4-18）。　抖动（　　）

图 4-18 检查发动机是否抖动

（2）断缸测试是否有个别缸不工作（图 4-19）。
（　　）不工作

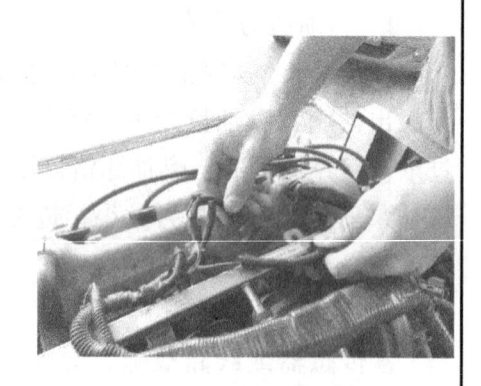

图 4-19 断缸测试

3. 观察故障指示灯是否点亮（图 4-20）
（　　）点亮

图 4-20 观察故障指标灯是否点亮

项目 四 发动机怠速抖动故障

4. 检查喷油器线路（此部分参见项目二相关内容）

（1）关闭点火开关，取下喷油器连接器。

（2）检查喷油器电源，正常应为蓄电池电压；若不正常，应检查该插头至主控制继电器间的线路情况。

（3）起动发动机检查喷油器控制线。

5. 喷油器雾化性检查

（1）关闭点火开关。

（2）拔下燃油泵继电器（图4-21）。

图 4-21 拔下燃油泵继电器

（3）起动发动机，进行油路泄压。

（4）拆下燃油导轨固定螺栓（图4-22）。

图 4-22 拆下燃油导轨固定螺栓

101

（5）拆下燃油导轨（图4-23）。

图4-23　拆下燃油导轨

（6）拆下喷油器（图4-24）。

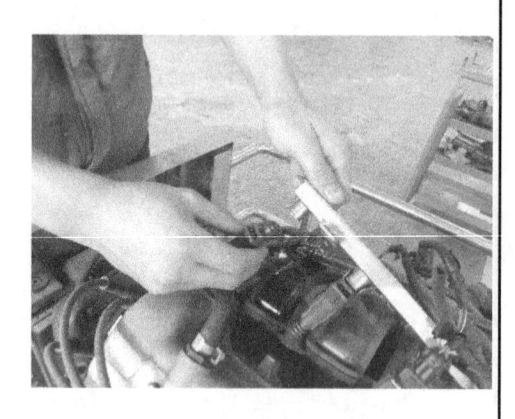

图4-24　拆下喷油器

（7）在喷油器检测台上检测喷油器雾化情况。若雾化不良，则应进行清洗；若清洗后雾化效果还很差，则应更换喷油器（图4-25）。

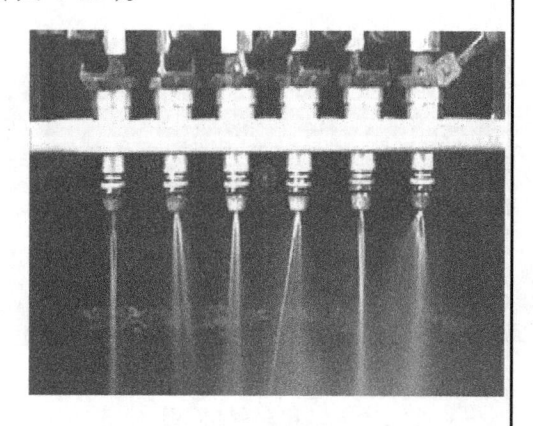

图4-25　检测喷油器雾化情况

实践操作3：燃油系统压力检查

  1. 起动前安全检查
（1）安放三角木。　　　　　　完成（　　）
（2）拉起手刹。　　　　　　　　完成（　　）
（3）将变速杆置于空挡。　　　　完成（　　）
  2. 进行油路泄压
（1）关闭点火开关。
（2）拔出燃油泵继电器（图 4-26）。

图 4-26　拔出燃油泵继电器

（3）起动发动机，进行油路泄压（图 4-27）。

图 4-27　起动发动机

（4）安装燃油压力表（图 4-28）。

图 4-28　安装燃油压力表

3. 检查燃油系统的静态油压

（1）打开点火开关（图4-29）。

图4-29 打开点火开关

（2）观察燃油压力表上的压力值，正常值为350~380kPa（图4-30）。

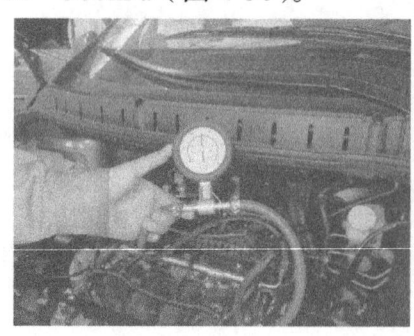

图4-30 观察压力值

4. 检查燃油系统的动态油压

（1）打开点火开关并起动发动机（怠速运行）。

（2）观察怠速燃油压力值。

（3）该车型动态燃油压力的标准值为350~380kPa。

（4）缓慢加速，观察燃油压力值的变化是否正常（图4-31）。

图4-31 观察燃油压力值的变化

5. 检查燃油系统的保持压力

（1）使发动机熄火。

（2）5分钟后，观察系统燃油压力，应不低于300kPa（图4-32）。

图4-32 观察燃油压力

第三步：检查传感器信号系统

主要检查导致发动机怠速抖动的传感器，如曲轴位置信号不良、氧传感器信号不良、进气压力信号不良或空气流量计信号不良等。

实践操作4：曲轴位置无信号或信号不良故障诊断

1. 起动前安全检查

（1）安放三角木。　　　　　　完成（　　）

（2）拉起手刹。　　　　　　　完成（　　）

（3）将变速杆置于空挡。　　　完成（　　）

2. 起动验证故障

（1）检查发动机是否抖动（图4-33）。　　　抖动（　　）

（2）断缸测试是否有个别缸不工作。　　　（　　）不工作

（3）踩下加速踏板，观察发动机最高转速。　最高（　　）r/min

3. 观察故障指示灯是否点亮（图4-34）

点亮（　　）

图4-33 检查发动机是否抖动 　　　图4-34 观察故障指示灯是否点亮

4. 使用诊断仪读取故障码

（1）连接诊断仪（图4-35）。

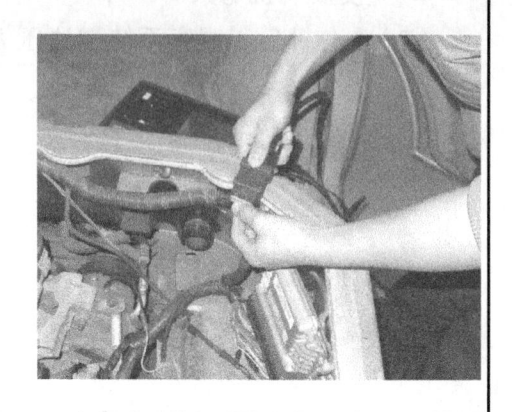

图4-35　连接诊断仪

（2）起动诊断仪。

（3）点击"开始"按钮（图4-36）。

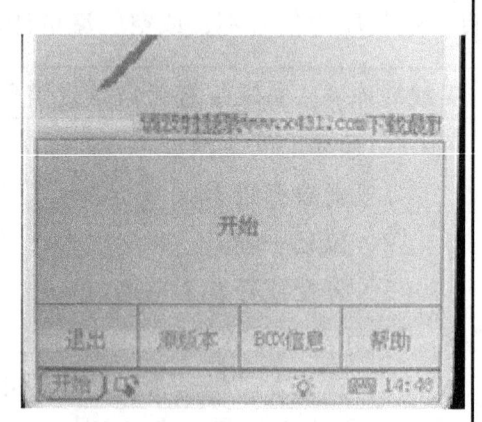

图4-36　点击"开始"按钮

（4）选择SGMW车系（图4-37）。

图4-37　选择车系

（5）选择诊断程序，点击"确定"按钮（图4-38）。

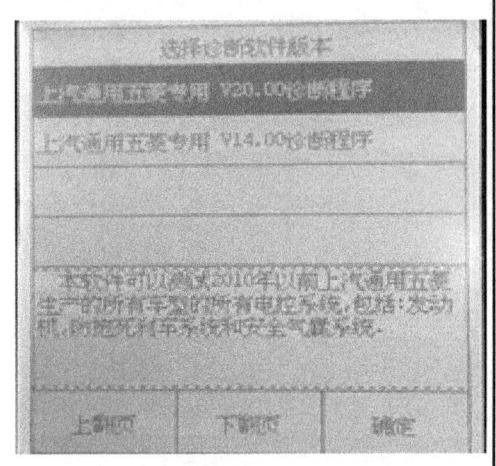

图4-38 选择诊断程序

（6）点击"确定"按钮（图4-39）。

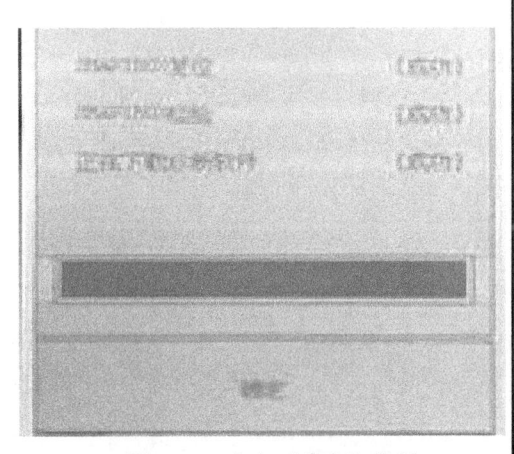

图4-39 点击"确定"按钮

（7）选择"发动机系统"（图4-40）。

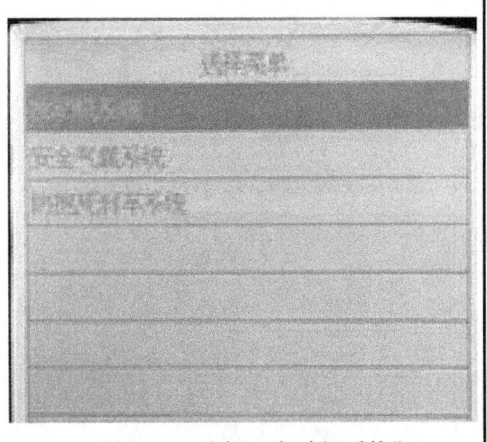

图4-40 选择"发动机系统"

（8）选择"2008"（图4-41）。

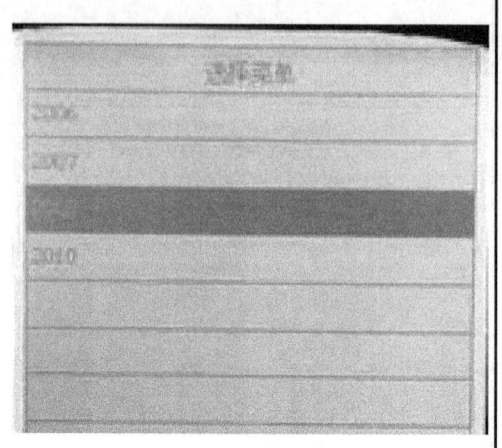

图4-41　选择"2008"

（9）选择"N200"（图4-42）。

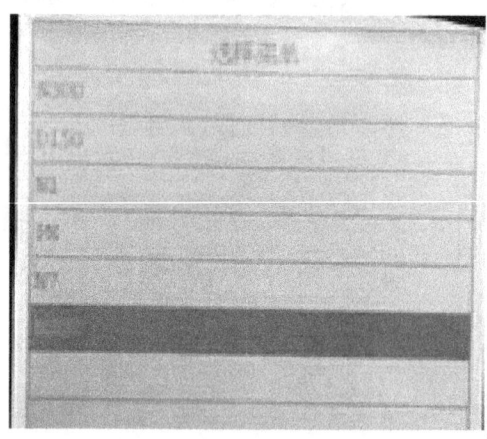

图4-42　选择"N200"

（10）选择发动机类型（图4-43）。

图4-43　选择发动机类型

项目四　发动机怠速抖动故障

（11）选择"读故障码"（图4-44）。

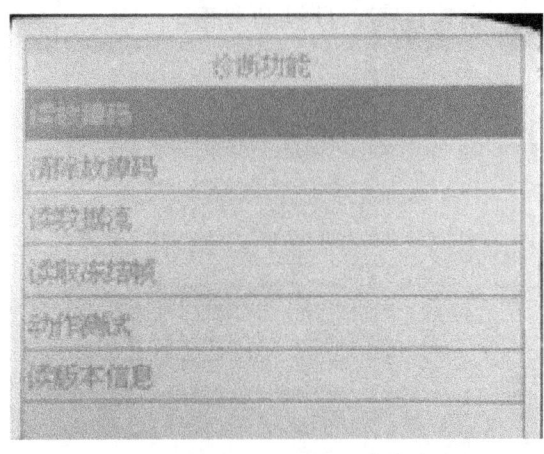

图4-44　选择"读故障码"

（12）记录故障码（图4-45）。

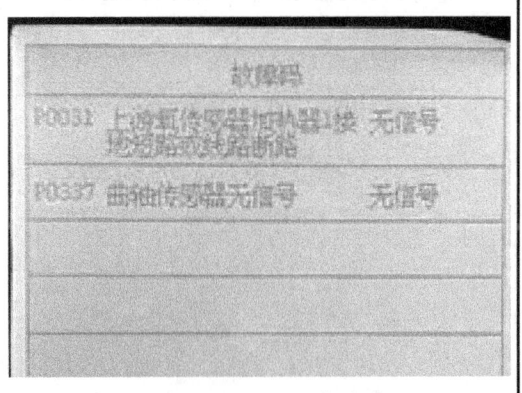

图4-45　记录故障码

5. 读取数据流

（1）选择"读数据流"（图4-46）。

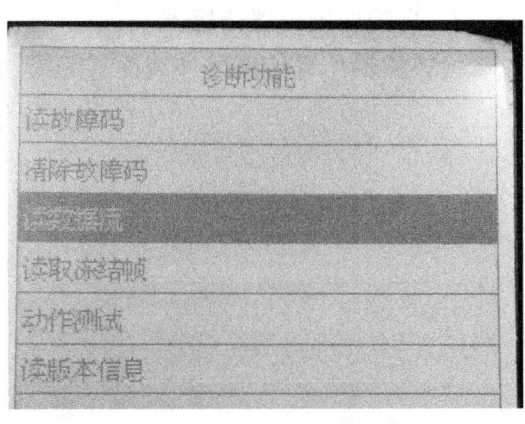

图4-46　选择"读数据流"

（2）读怠速时数据流（图4-47）。
怠速过高，且抖动严重。

图4-47 读怠速时数据流

（3）读加速时数据流（图4-48）。
发动机无法加速至3000r/min。

图4-48 读加速时数据流

6. 检查曲轴位置传感器输出的信号电压
此部分参见项目二相关内容。

7. 拆检曲轴位置传感器
检查曲轴位置传感器外表面有无裂纹或缺损（图4-49）。

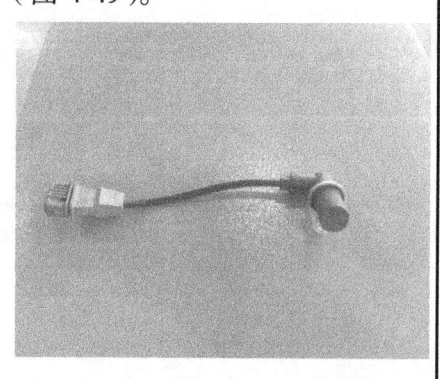

图4-49 检查曲轴位置传感器

8. 检查曲轴位置传感器的间隙

（1）测量传感器安装长度（B），如图 4-50 所示。

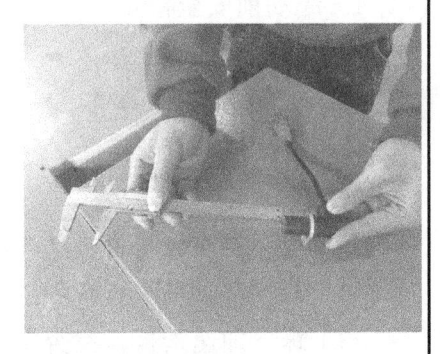

图 4-50　测量传感器安装长度

（2）测量传感器安装座孔到信号齿凸起部分的深度（A），如图 4-51 所示。

（3）传感器的间隙 L＝A-B。若间隙不正常，应进行处理。

图 4-51　测量深度

9. 检查飞轮信号齿

检查飞轮信号齿有无裂纹、掉齿、生锈等（图 4-52）。

10. 检查曲轴位置传感器线路

检查曲轴位置传感器线路有无接触不良现象，若有则进行相应处理。

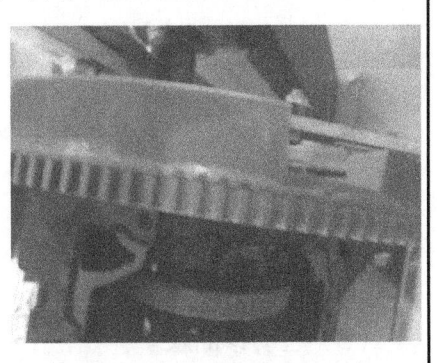

图 4-52　检查飞轮信号齿

实践操作 5：进气压力无信号或信号不良故障诊断

1. 起动前安全检查
（1）安放三角木。　　　　　　完成（　　）
（2）拉起手刹。　　　　　　　完成（　　）
（3）将变速杆置于空挡。　　　完成（　　）

2. 起动验证故障
（1）检查发动机是否抖动（图 4-53）。　　抖动（　　）
（2）断缸测试是否有个别缸不工作。　　（　　）不工作
（3）踩下加速踏板，检查发动机加速情况。

图 4-53　检查发动机是否抖动

3. 观察故障指示灯是否点亮（图 4-54）
点亮（　　）

图 4-54　观察故障指示灯是否点亮

4. 使用诊断仪读取故障码
（1）连接诊断仪。
（2）起动诊断仪。
（3）进入发动机系统。

项目四 发动机怠速抖动故障

（4）读取及记录故障码（图4-55）。

图 4-55　读取及记录故障码

5. 使用诊断仪读取数据流及数据分析（图4-56）

加速时进气压力过高。

图 4-56　读取数据流

6. 拆检进气压力传感器（图4-57）

图 4-57　拆检进气压力传感器

113

7. 检查通气孔是否堵塞（图 4-58）

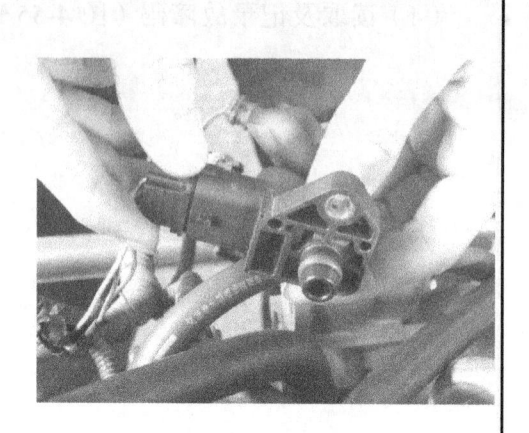

图 4-58　检查通气孔

第四步：检查进排气系统

主要检查节气门是否积炭、VVT 电磁阀是否工作不良、是否存在排气堵塞和废气再循环阀是否漏气等。

实践操作 6：电子节气门故障检查及积炭清洗

1. 电子节气门故障检查

1）起动前安全检查

（1）安放三角木。　　　　　完成（　　　）

（2）拉起手刹。　　　　　　完成（　　　）

（3）将变速杆置于空挡。　　完成（　　　）

2）起动验证故障（图 4-59）

（1）检查发动机是否抖动。　　　　抖动（　　　）

（2）断缸测试是否有个别缸不工作。　　（　　　）不工作

（3）踩下加速踏板，观察发动机最高转速。　　最高（　　　）r/min

图 4-59　起动发动机

3）观察故障指示灯是否点亮（图4-60）

点亮（　　）

图4-60　观察故障指示灯是否点亮

4）使用诊断仪读取故障码

（1）连接诊断仪。

（2）起动诊断仪。

（3）进入发动机系统。

（4）读取及记录故障码（图4-61）。

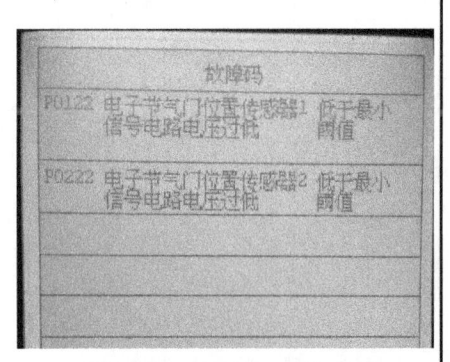

图4-61　读取及记录故障码

5）使用诊断仪读取数据流及数据分析

油门踏板位置传感器1电压与2电压为2倍关系，如图4-62所示。

图4-62　相关数据流

节气门电位计 1 电压与 2 电压的和为 5V，若不正常应检查相关线路及元件（图 4-63）。

图 4-63　相关数据流

2. 电子节气门积炭清洗

（1）拆卸电子节气门（图 4-64）。

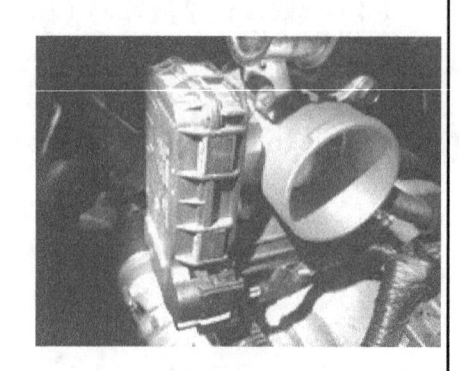

图 4-64　拆卸电子节气门

（2）检查节气门处积炭情况（图 4-65）。

图 4-65　检查节气门处积炭情况

项目 四　发动机怠速抖动故障

（3）清洗节气门处积炭（图4-66）。使用化油器剂对节气门积炭进行清理。

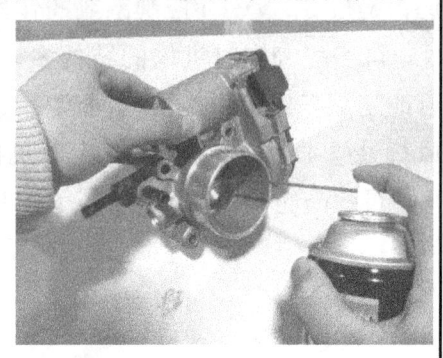

图4-66　清洗节气门处积炭

（4）装复电子节气门及复位。

① 电子节气门初始化：点火开关在ON位置保持30s以上（切记不要踩加速踏板）—断开点火开关30s以上—拔出钥匙（注意：断开点火开关15s以内不得重新接通点火开关）—再接通点火开关—检测完后着车。采用以上程序即可对电子节气门进行初始化（图4-67）。

图4-67　电子节气门初始化

② 电子踏板初始化：不踩加速踏板的情况下，打开点火开关到ON位置—将加速踏板踩到底—松开加速踏板，关闭点火开关—再打开点火开关—检测完后着车。采用以上程序即可对电子踏板进行初始化（图4-68）。

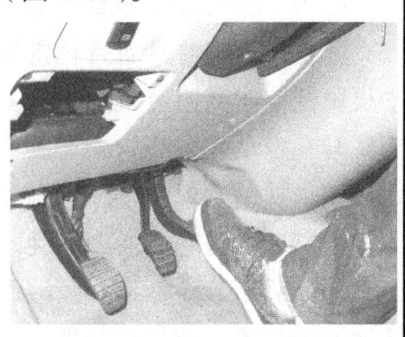

图4-68　电子踏板初始化

理论链接 3：VVT-i 控制系统的作用、结构及工作原理

可变配气定时机构的结构多样，但就其功用而言可以归纳为两类：一类是既可改变配气定时，也可同时改变气门升程；另一类是只改变配气定时。下面介绍风行景逸 4A91 的可变配气定时机构。

可变凸轮轴正时（VVT-i）控制系统如图 4-69 所示。

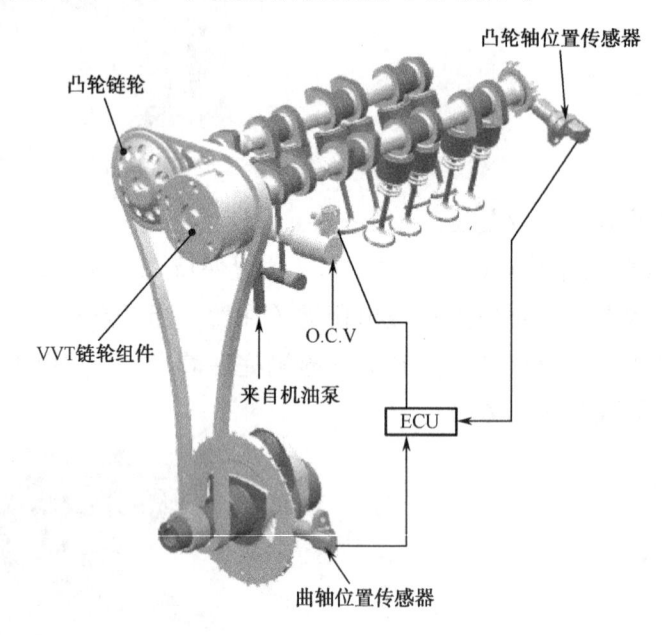

图 4-69　可变凸轮轴正时控制系统

可变凸轮轴正时控制系统主要由以下部件构成：
- 曲轴位置传感器；
- 凸轮轴位置传感器；
- VVT 链轮组件；
- VVT 执行电磁阀。

1. VVT-i 控制系统的工作原理

在进气凸轮轴驱动齿轮内装有小蜗轮，可以相对于齿轮壳做旋转运动，当发动机由低速向高速转换的，ECU 通过液压阀将机油压向小蜗轮，使其相对于齿轮壳旋转一定角度，凸轮轴在 50° 的范围内向前或向后旋转，进气门开启的时刻随之改变，从而确保发动机按照不同的工况改变气门开启、关闭时间，既可保证动力输出，又可提高燃油经济性。

这套系统的核心是油压控制阀，而计算机（ECU）会根据输入信号（发动机转速、进气量、节气门位置、发动机温度等）来决定油压控制阀的操作，并利用凸轮轴位置传感器及曲轴位置传感器来决定实际的进气凸轮的气门正时。

该技术既能保证低速高扭矩，又能获得高速高功率，对引擎而言是一个极大的突破。

可变正时控制电磁阀安装位置如图 4-70 所示。

图 4-70　可变正时控制电磁阀安装位置

可变正时控制电磁阀结构如图 4-71 所示。

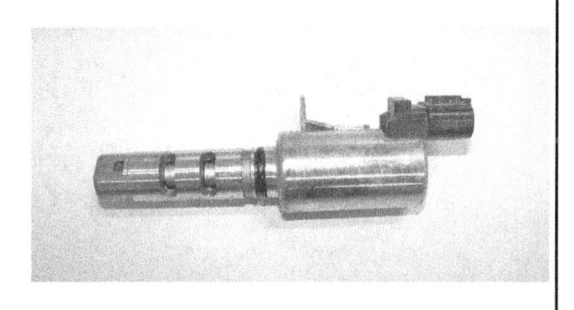

图 4-71　可变正时控制电磁阀结构

2. 可变凸轮轴正时控制特点

采用延长气门开启时间的做法，必然会出现一个进气门和排气门同时开启的时刻，配气相位上称为"重叠阶段"，可能会造成废气倒流。这种现象在发动机的转速仅在 1000r/min 以下的怠速情况下最明显（怠速工作条件下的"重叠阶段"时间是中等速度工作条件下的 7 倍）。这容易造成怠速工作不顺畅、振动过大、功率下降等现象。尤其是采用四气门的发动机，由于"帘区值"大，"重叠阶段"更容易造成怠速运转不顺畅的现象。设计师为了消除这一缺陷，就以"变"对"变"，采用了可变式气门驱动机构。

可变式气门驱动机构就是在发动机怠速工作时减少气门行程，缩小"帘区值"，而在发动机高速工作时增大气门行程，扩大"帘区值"，改变"重叠阶段"的时间，使发动机在高转速时能提供强大的马力，在低转速时又能产生足够的扭力。

可变凸轮轴控制示意图 4-72～图 4-74 所示。

图 4-72　可变凸轮轴控制示意图 1

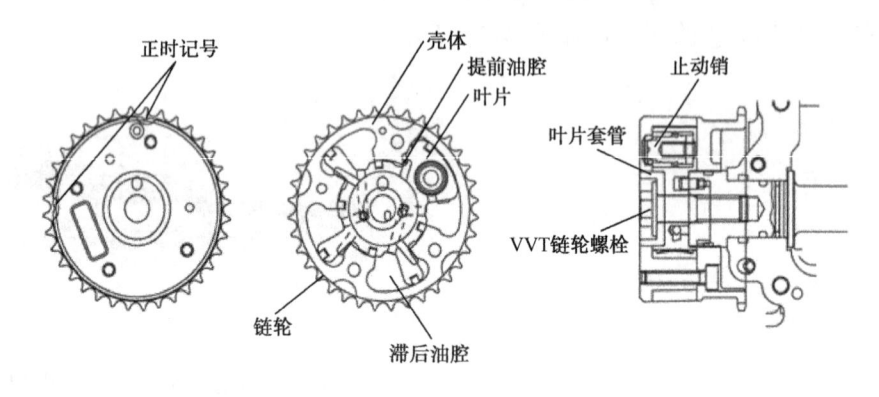

图 4-73　可变凸轮轴控制示意图 2

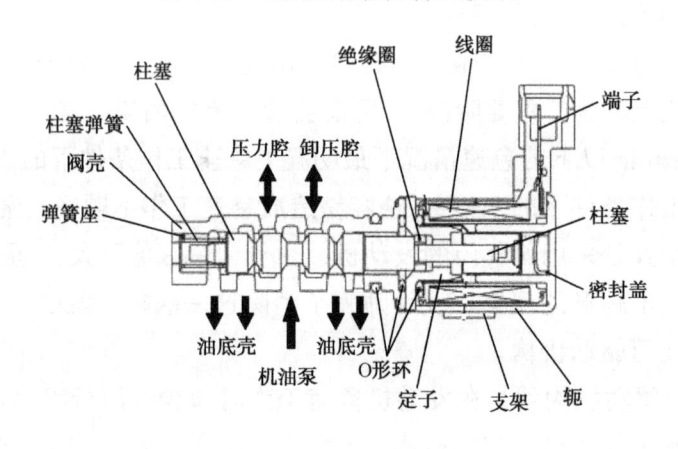

图 4-74　可变凸轮轴控制示意图 3

3. 可变凸轮轴正时控制

主正时链驱动进气侧 VVT-i 控制器外壳的链轮，外壳上的另一链轮驱动副正时链，并同时驱动排气侧 VVT-i 控制器外壳。VVT-i 控制器的内部结构主要由控制器外壳、叶轮、锁止销、叶轮回位弹簧、端盖及螺栓等组成。叶轮与凸轮轴是固定的，即为"硬连接"；而控制器外壳与叶轮之间不是硬连接，它们之间可以有相对运动。这一相对运动是由气门正时提前室和滞后室的容积决定的，显然容积改变即改变了叶轮与控制器外壳之间的相对角度，也就改变了气门的配气相位。因此，当提前室容积增大，滞后室容积减小时，叶轮相对于控制器外壳的转动方向与外壳的转动方向相同，则凸轮轴的相位也就提前，反之亦然。

回位弹簧的作用是使叶轮回到最滞后的位置，这一位置是发动机停止运转的位置，此时提前室容积最小，锁止销在弹簧力作用下被推入控制器外壳的销孔内，于是外壳与叶轮处于"硬连接"，这有利于发动机正常起动；当发动机起动后，由于系统建立了油压，锁止销在油压的作用下使弹簧被压缩，随之锁止销从控制器外壳销孔内脱出，于是外壳与叶轮之间就可以有相对运动，从而实现对提前室和滞后室容积的控制，以实现对凸轮轴相位进行实时智能调节。

VVT 执行电磁阀控制电路图如图 4-75 所示。

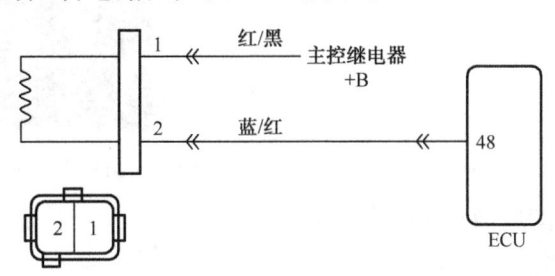

图 4-75　VVT 执行电磁阀控制电路图

ECU 根据油门踏板位置信号、发动机转速信号、凸轮轴位置信号等，通过控制电磁负极搭铁的频率来控制 VVT 阀的位置及开度，使油路压力及方向发生改变，从而达到控制凸轮轴正时的目的。

实践操作 7：VVT 阀工作不良的检修

1. 起动前安全检查

（1）安放三角木。　　　　完成（　　）

（2）拉起手刹。　　　　　完成（　　）

（3）将变速杆置于空挡　　完成（　　）

2. 起动验证故障（图 4-76）

（1）检查发动机是否抖动。　　　抖动（　）

（2）断缸测试是否有个别缸不工作。（　）不工作

图 4-76　起动发动机

3. 观察故障指示灯是否点亮（图 4-77）

点亮（　）

图 4-77　观察故障指示灯是否点亮

4. 使用诊断仪读取故障码

（1）连接诊断仪。

（2）起动诊断仪。

（3）进入发动机系统。

（4）读取及记录故障码（图 4-78）。

故障码
P0010 VVT进气控制阀电路开路

图 4-78　读取及记录故障码

项目 四　发动机怠速抖动故障

5. 使用诊断仪读取数据流及数据分析（图 4-79）

图 4-79　读取数据流

6. 检查 VVT 电磁阀线路

（1）检查电磁阀电源线。断开电磁阀连接器，使用万用表电压挡测量，结果应为蓄电池电压（图 4-80）。

图 4-80　检查电磁阀电源线

（2）检查电磁阀控制线。断开电磁阀连接器，使用万用表电压挡测量，结果应为 2~3V（图 4-81）。

图 4-81　检查电磁阀控制线

7. 检查VVT电磁阀线圈电阻

使用万用表电阻挡测量电磁阀线圈电阻，结果应为6~12Ω（图4-82）。

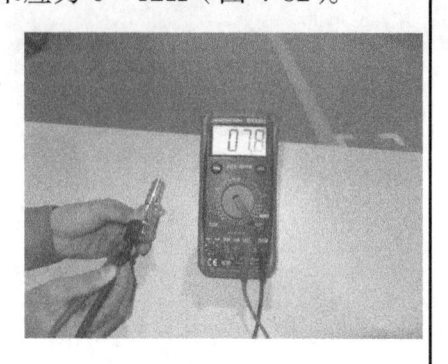

图4-82　检查线圈电阻

8. 检查VVT电磁阀工作情况

使用专用线，直接给电磁阀控制线搭铁，观察电磁阀有无动作（图4-83）。

图4-83　检查VVT电磁阀工作情况

9. 清洗VVT电磁阀

若电磁阀太脏，则应进行清洗（图4-84）。

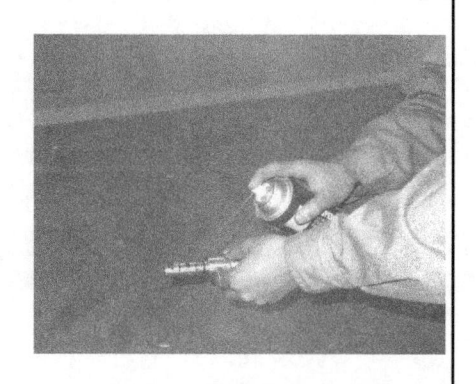

图4-84　清洗VVT电磁阀

理论链接 4：废气再循环系统的作用、结构及工作原理

1. 废气再循环系统的概念及作用

废气再循环（Exhust Gas Recicu1ation，EGR）系统，用于降低废气中 NO_x 的含量。

当发动机温度在 2200～2500°F（1204～1371℃）时，氮和氧将结合生成氮氧化物（NO_x）。这种物质对环境有害。由于加速或发动机高负荷，燃烧室内的温度升高，生成的 NO_x 也随之增加。因为高温促使氮和空气中的氧化合，所以，减少 NO_x 生成的最好办法是降低燃烧室的温度。

废气的主要成分是 CO 和水蒸气（H_2O），这些都是非常稳定的气体，不和氧发生反应。

EGR 装置通过进气歧管再循环这些气体，使燃烧温度降低。空气和燃油混合气与这些废气混合在一起时，燃油在混合气中的比例自然就降低了（混合气变稀）。另外，这一混合气燃烧所产生的热量，有一部分也被废气带走了。因此，燃烧室的最高温度也会下降，从而减少 NO_x 的产生。废气再循环系统如图 4-85 所示。

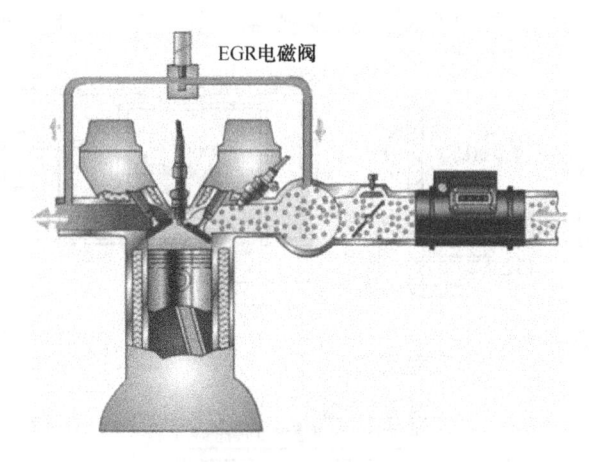

图 4-85　废气再循环系统

2. EGR 阀投入工作的条件

（1）低速、水温低于 60℃时，不循环。

（2）进气温度高于 15℃。

（3）节气门开度大于 25%。

（4）高速、中等负荷时，NO_x 生成量的高峰在稀区，A/F 为 15～16 时最多。

（5）大负荷时，不循环，防止空燃比 A/F 变小，造成功率下降（一般在 4000r/min 以上）。

3. EGR 的控制方式

（1）EGR 开环控制（不带 EGR 位置传感器）系统如图 4-86 所示。

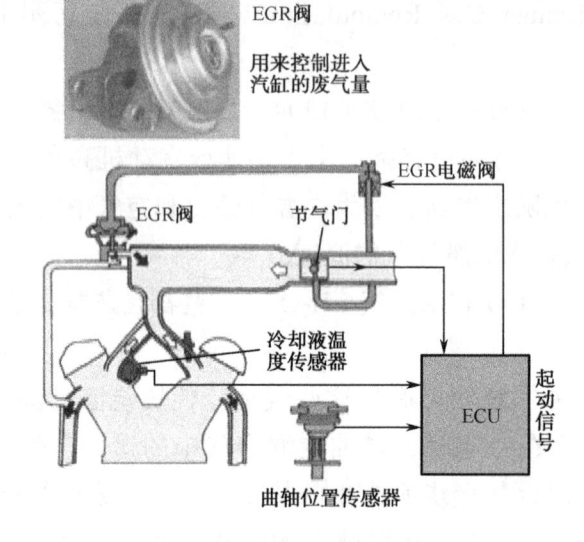

图 4-86　EGR 开环控制系统

（2）EGR 闭环控制（带 EGR 位置传感器）系统如图 4-87 所示。

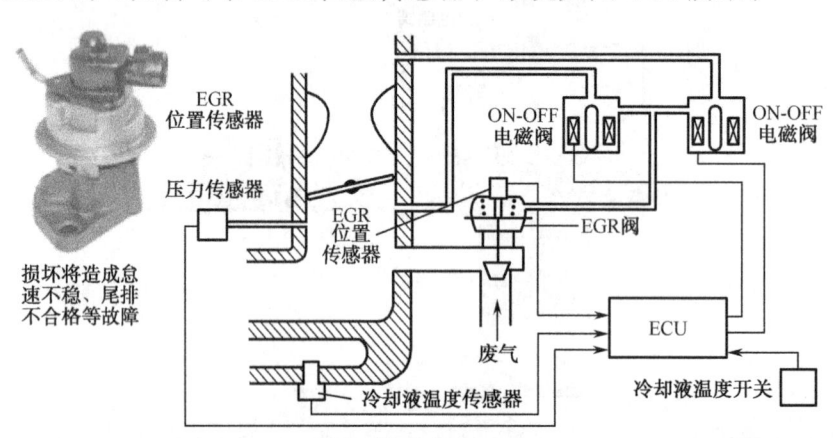

图 4-87　EGR 闭环控制系统

4. EGR 阀的开启控制

因为在低温及低负荷的情况下，NO_x 的生成量很少，所以 EGR 系统没必要工作。在怠速时，如果 EGR 阀打开，会导致发动机抖动或熄火。在高速时，EGR 阀打开，则会影响发动机的输出功率，导致高速时功率不足。因此，对 EGR 阀的工作时机必须控制，在一般情况下，必须同时满足以下条件：

（1）发动机达到工作温度；

（2）中高速时。

EGR 阀的开启控制有以下几种。

1）直接真空控制

极少数早期车型 EGR 阀真空由节气门控制，真空管接至节气门前方，当发动机加速时，真空源即作用于 EGR 阀上。

2）温控阀控制

早期 EGR 阀的真空源是由温控阀来控制的，如图 4-88 所示。当发动机达到工作温度时，位于水道上的温控阀打开，接通节气门到 EGR 膜片室的真空。如果节气门打开到一定角度，真空吸力便吸开 EGR 阀，使废气进入进气歧管。

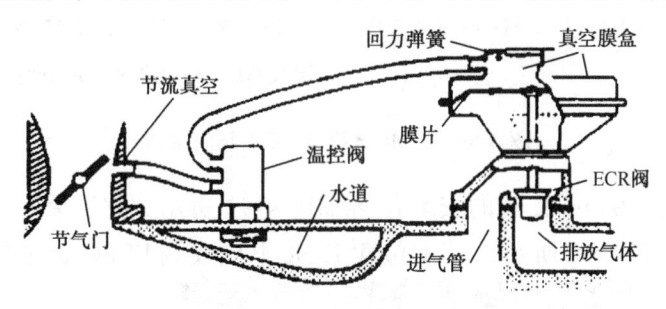

图 4-88　温控阀控制的 EGR 系统

3）电磁阀控制

由计算机控制一个电磁阀，当计算机不提供搭铁时，真空源无法流到 EGR 膜盒；当计算机提供搭铁后，电磁阀打开，使真空源流到 EGR 膜盒，使得 EGR 阀打开，如图 4-89 所示。

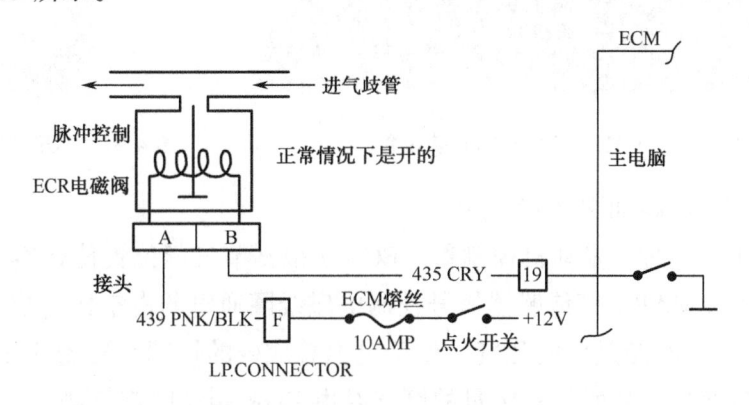

图 4-89　电磁阀控制的 EGR 系统

5. 废气再循环系统的基本结构及工作原理

以上汽通用五菱 B12 发动机为例，EGR 阀主要由传感器盖、针阀位置传感器、磁极、线圈总成、电枢及基座总成等组成，如图 4-90 所示。

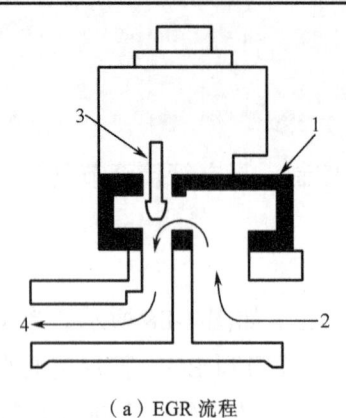

(a) EGR 流程

1—EGR 阀；2—排气体；3—针阀；4—去进气管

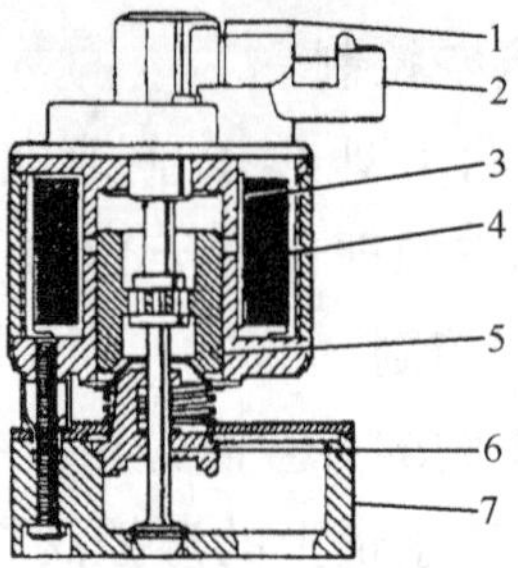

(b) EGR 阀的结构

1—传感器盖；2—针阀位置传感器；3—磁极；
4—线圈总成；5—电枢套；6—针阀；7—电枢及基座总成

图 4-90　EGR 流程与 EGR 阀的结构

五菱 B12 发动机 EGR 阀的安装位置如图 4-91 所示，它安装在汽缸后端。EGR 阀的外形结构如图 4-92 所示，其中包含 EGR 电磁线圈和 EGR 位置传感器。

图 4-91　EGR 阀的安装位置 　　　　图 4-92　EGR 阀的外形结构

EGR 阀控制电路如图 4-93 所示。

EGR 阀工作原理：发动机控制器（ECM）根据节气门位置传感器（TPS）和进气压力传感器（MAP）等传感器信号控制电磁线圈通电的占空比（控制 5 端子的搭铁频率），从而改变磁场的强度，位于电枢总成内的针阀在磁场的作用下抬起的高度就会发生变化，从而使一定量的废气经由 EGR 阀流向进气侧。

针阀抬起的高度即 EGR 率由 EGR 阀控制信号的脉冲占空比决定，占空比越大，EGR 阀打开的行程就越大。

针阀打开的位置由针阀位置传感器测得，并由 45 端子输入 ECM，以供反馈控制使用。

项目 四　发动机怠速抖动故障

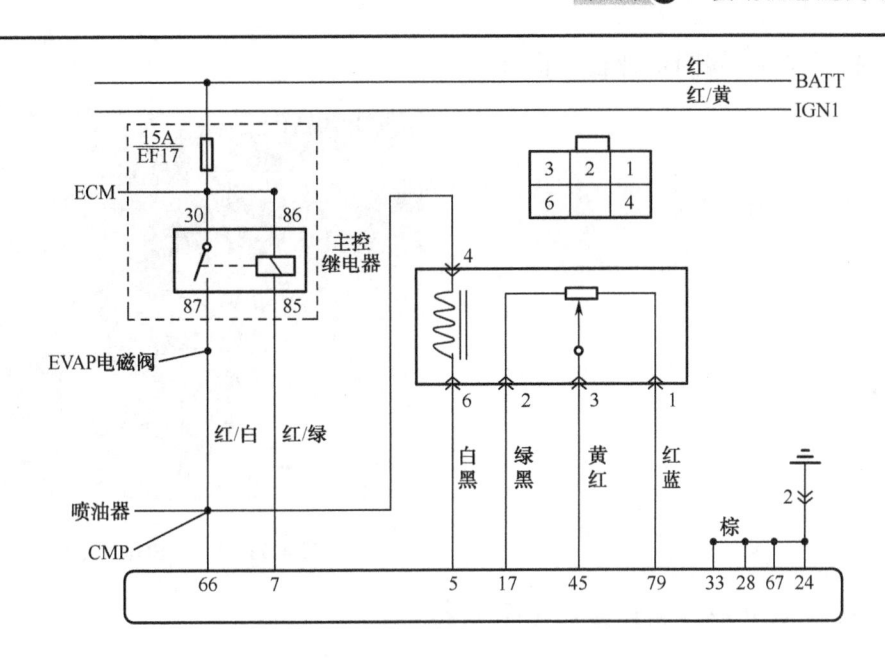

图 4-93　五菱 B12 发动机 EGR 阀控制电路

6. 废气再循环系统的常见故障及原因分析

常见故障 1：EGR 阀关闭不严漏气，发动机怠速抖动、易熄火，严重时造成发动机加速无力。

原因：针阀卡死、电路故障、垫片损坏或 ECM 故障。

常见故障 2：EGR 阀不能正常打开，发动机 NO_x 排放过量。

原因：针阀卡死、针阀线圈损坏、EGR 阀到发动机控制器（ECM）之间的线路损坏、发动机控制器（ECM）损坏。

实践操作 8：EGR 阀拆装与电路检测

1. 拆卸 EGR 阀

（1）拆下后盖板螺栓（图 4-94）。

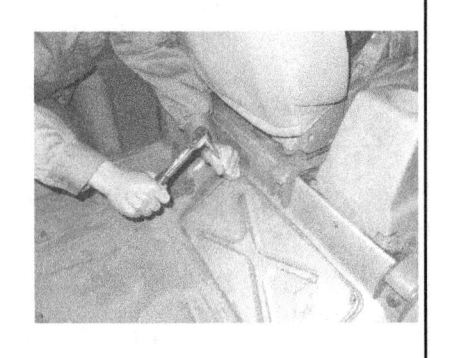

图 4-94　拆下后盖板螺栓

（2）拆下 EGR 阀固定螺栓（图 4-95）。

图 4-95　拆下 EGR 阀固定螺栓

（3）取下 EGR 阀线路连接器（图 4-96）。

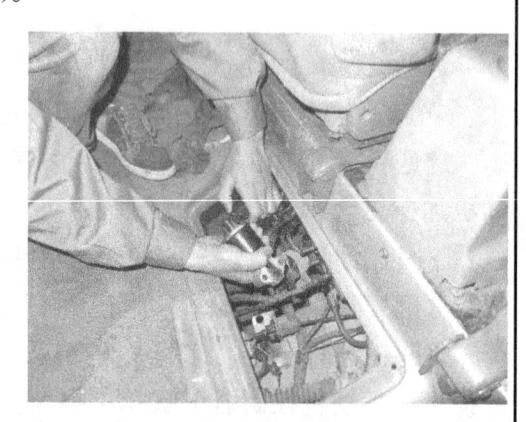

图 4-96　取下 EGR 阀线路连接器

（4）取下 EGR 阀总成（图 4-97）。

图 4-97　取下 EGR 阀总成

2. EGR 阀检测

（1）EGR 阀电磁线圈电阻检测（图 4-98）。

使用万用表电阻挡进行测量，常温下标准值为 7~12Ω，若不正常则应更换。

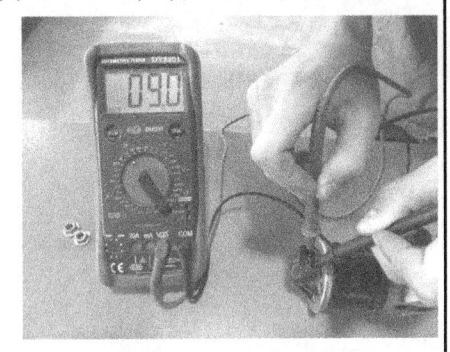

图 4-98　检测电磁线圈电阻

（2）EGR 阀通电测试（图 4-99）。

使用专用线，给电磁阀控制线直接搭铁，电磁阀应动作且发出响声，若不动作或无响声则应更换。

图 4-99　EGR 阀能电测试

3. EGR 阀线路检测

拆卸 EGR 接头定位卡（图 4-100）。

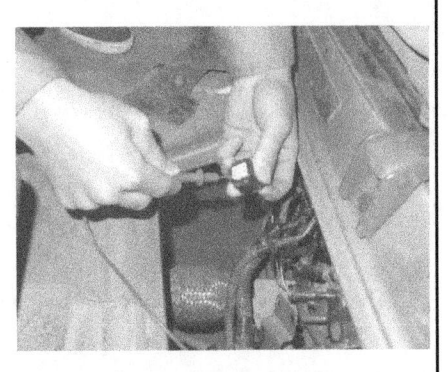

图 4-100　拆卸 EGR 接头定位卡

取下 EGR 接头定位卡（图 4-101）。

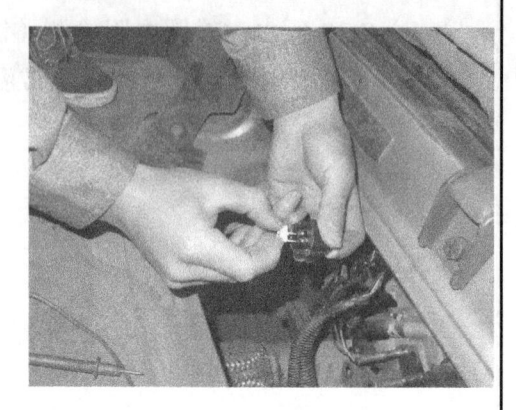

图 4-101　取下 EGR 接头定位卡

选择万用表 20V 电压挡进行测量（图 4-102）。

图 4-102　用万用表进行测量

（1）EGR 阀电磁线圈电源线检测（图 4-103）。

测量电源线电压，标准值应为蓄电池电压，若不正常应检测线路及主控继电器。

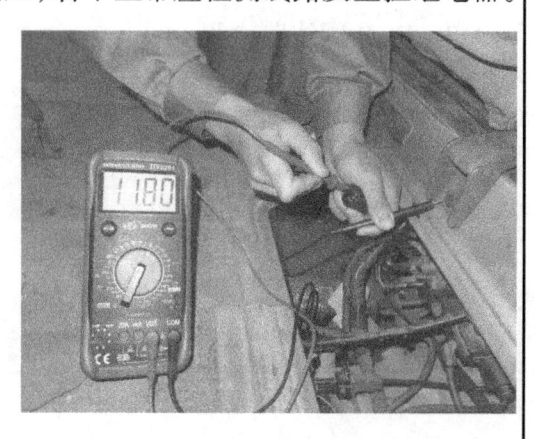

图 4-103　检测电磁线圈电源线

（2）EGR阀电磁线圈控制线检测（图4-104）。

标准值为4.0~4.5V，若不正常则应检查至ECM的线路及ECM本身。

图4-104　检测电磁线圈控制线

（3）EGR阀位置传感器电源检测（图4-105）。

标准值为4.5~5.5V，若不正常则应检查至ECM的线路及ECM本身。

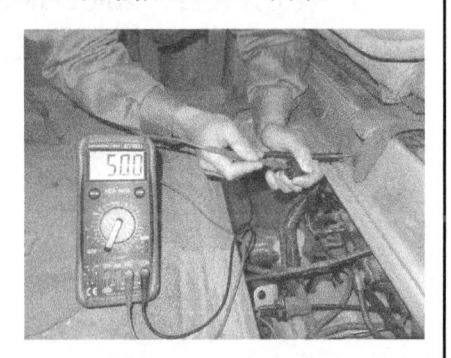

图4-105　EGR阀位置传感器电源检测

（4）EGR阀位置传感器搭铁检测（图4-106）。

万用表一端接正极，标准值为4.5~5.0V，若不正常则应检查至ECM的线路及ECM本身。

图4-106　EGR阀位置传感器搭铁检测

（5）EGR 阀位置传感器信号线检测（图 4-107）。

标准值为 4.5～5.0V，若不正常则应检查至 ECM 的线路及 ECM 本身。

图 4-107　EGR 阀位置传感器信号线检测

（6）接上连接器，测量 EGR 阀位置传感器信号线电压（图 4-108）。

标准值为 0.7～1.0V，若不正常则应检查至 ECM 的线路及 ECM 本身。

图 4-108　测量 EGR 阀位置传感器信号线电压

实践操作 9：EGR 阀漏气故障诊断

1. 起动前安全检查

（1）安放三角木。　　　　　　　完成（　　）

（2）拉起手刹。　　　　　　　　完成（　　）

（3）将变速杆置于空挡。　　　　完成（　　）

2. 起动验证故障

（1）检查发动机是否抖动（图 4-109）。　　抖动（　　）

项目 四 发动机怠速抖动故障

图 4-109 检查发动机是否抖动

（2）检查 EGR 连接管是否发烫（图 4-110）。
发烫（   ）

图 4-110 检查 EGR 连接管是否发烫

3. 观察故障指示灯是否点亮（图 4-111）
点亮（   ）

图 4-111 观察故障指示灯是否点亮

4. 使用诊断仪读取故障码

（1）连接诊断仪。

（2）起动诊断仪。

（3）进入发动机系统。

（4）读取及记录故障码（图 4-112）。

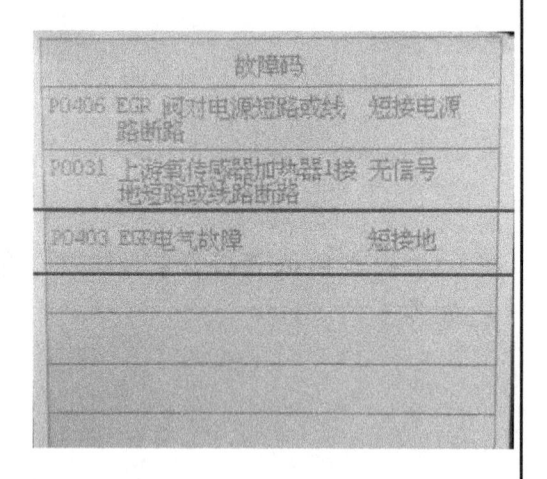

图 4-112　读取及记录故障码

5. 使用诊断仪读取相关数据流及数据分析

（1）读取数据流（图 4-113）。

（2）分析数据流。

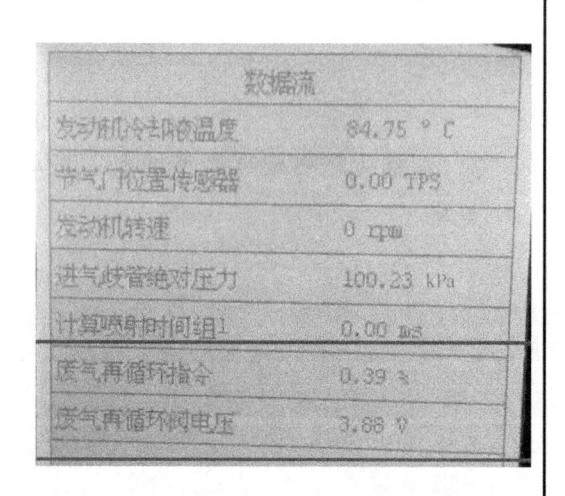

图 4-113　读取数据流

6. 故障原因分析

EGR 阀位置电压过高，指示 EGR 阀处于打开状态，原因可能是 EGR 阀本身关闭不严、EGR 控制线路故障，也可能是 ECU 控制不正常。

> 7. 故障诊断与排除（参见电路检查部分）
> （1）取下 EGR 阀线路连接器。
> （2）测量 EGR 位置传感器信号线电压。
> （3）测量 EGR 阀电磁线圈控制线电压。

项目预案

问题一：学生检查高压跳火、高压线漏电、点火线圈漏电时可能会被高压电电到。

解决措施：

（1）操作前强调要严格执行操作规程，避免违规操作；

（2）操作时，安排小组安全员监管，及时掌握学生操作情况，及时制止不安全操作行为；

（3）加强现场检查与指导，及时提醒学生注意事项。

问题二：学生在检查油路时，可能会导致较多燃油泄漏。

解决措施：

（1）操作前强调要严格执行操作规程，避免违规操作；

（2）操作时，安排小组安全员监管，及时掌握学生操作情况，及时制止不安全操作行为；

（3）加强现场检查与指导，及时提醒学生注意事项；

（4）准备充足的吸油抹布，若有燃油泄漏，应及时处理。

问题三：学生在检查 EGR 阀循环管时，可能会被高温烫伤。

解决措施：

（1）操作前强调要严格执行操作规程，避免违规操作；

（2）操作时，安排小组安全员监管，及时掌握学生操作情况，及时制止不安全操作行为；

（3）加强现场检查与指导，及时提醒学生注意事项；

（4）准备一些烫伤药品，若有学生被烫伤，可及时处理。

项目评价（1学时）

考核方式：学生2人一组，实践操作考核。

评价标准：见表4-1。

表 4-1 评分表

项目编号：

姓名：_____   学号：_____

作业开始时间：___时___分 作业结束时间：___时___分 作业用时：____

序号	项目	评分项目	评价标准	分数	学生自评	小组互评	教师评价
1	时间要求	按规定时间完成项目作业	酌情扣1~5分	5			
2	质量要求	选用工具恰当	酌情扣1~5分	5			
3		能正确检查点火系统故障		20			
4		能正确检查燃油系统故障		20			
5		能正确检查控制信号故障		20			
6		能正确检查进排气系统故障		20			
7		及时清理工具和工作现场	酌情扣1~10分	10			
总分				100			

※发生重大事故（人身和设备安全事故），有违反维修原则和情节严重的野蛮操作等，采取一票否决制。

项目拓展

（1）造成发动机怠速抖动故障的机械原因有哪些？

（2）进气空气流量计信号不良会导致发动机怠速抖动吗？为什么？

（3）根据所学知识，试画出发动机怠速抖动故障诊断树。

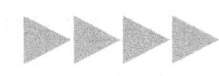

项目五 发动机动力下降、油耗高故障

维修车间接到一辆五菱鸿途 1.2L 微车，该车行驶了 66 780km，出现发动机怠速抖动及游车故障（图 5-1）。如果你是维修工，你怎样进行检修？需要掌握哪些知识点和技能点？

图 5-1 汽车故障

项目要求

时间要求：30 学时。

质量要求：在满足厂家的生产规范及质量要求的前提下，熟练、快速地诊断与排除故障。

安全要求：严格按照安全操作规程进行项目作业。

文明要求：自觉按照文明生产规则进行项目作业。

环保要求：努力按照环境保护要求进行项目作业。

项目分析

发动机动力下降、油耗高故障是发动机常见故障。根据电控发动机原理分析，主要原因有进气压力传感器信号不良、氧传感器故障、爆震传感器故障、碳罐系统故障、排气堵塞等。发动机机械部分故障也可能引起发动机动力下降、油耗高，该部分内容本项目不再论述，读者可参见发动机机械部分相关内容。

一、进气压力传感器信号不良分析

进气压力传感器的数据变化直接影响混合气的浓度。影响进气压力传感器信号的外在因素有进气真空度不足，传感器进气堵塞，由于废气管道等造成传感器附近空气不均匀而导致信号不正常。信号不正常会导致怠速抖动、排放不达标、动力不足、油耗增加等故障现象。

二、空气流量计故障分析

汽车发动机电子控制系统中，空气流量计是主要的传感器之一，用于测量流经节气门的空气流量。而发动机 ECU（电子控制模块）利用此传感器的信息确定燃油喷射时间，提供发动机正常工作相应的空燃比。如果空燃比不适合工况的要求，就会使发动机产生怠速不稳、抖动、加速不良、起动后失速等故障现象，从而影响车辆的正常行驶。

三、氧传感器故障分析

氧传感器出现故障，将使电子燃油喷射系统的电脑不能得到排气管中氧浓度的信息，因而不能对空燃比进行反馈控制，会使发动机油耗和排气污染增加，发动机出现怠速不良、加速不良、尾气超标、油耗过大等故障现象。氧传感器常见故障原因有以下几个。

（1）氧传感器中毒。主要是使用含铅汽油导致铅侵入其内部，阻碍了氧离子的扩散，使氧传感器失效，这时就只能更换氧传感器了。另外，氧传感器发生硅中毒也很常见。一般来说，汽油和润滑油中含有的硅化合物燃烧后生成的二氧化硅，硅橡胶密封垫圈使用不当散发出的有机硅气体，都会使氧传感器失效而导致故障产生。

（2）积炭。由于发动机燃烧不好，在氧传感器表面形成积炭，或氧传感器内部进入了油污或尘埃等沉积物，会阻碍或阻塞外部空气进入氧传感器内部，使氧传感器输出的信号失准，ECU 不能及时地修正空燃比。

（3）氧传感器陶瓷碎裂。氧传感器的陶瓷硬而脆，用硬物敲击或用强烈气流吹洗，都可能使其碎裂而失效。

（4）加热器电阻丝烧断。对于加热型氧传感器，如果加热器电阻丝烧蚀，就很难使传感器达到正常的工作温度，从而使其失去作用。

（5）氧传感器内部线路断脱。

四、爆震传感器故障分析

爆震传感器故障会导致发动机动力下降、加速不良、高速不良等。主要是各种液体如机油、冷却液、制动液、水等长时间接触传感器，对传感器造成腐蚀而损坏传感器。

五、碳罐系统故障分析

常见故障有排放超标、怠速不良、加速不良。主要原因是汽油蒸气在发动机起动时从碳罐阀进入进气岐管，导致混合气过浓，燃烧不好，排放超标。

项目路径

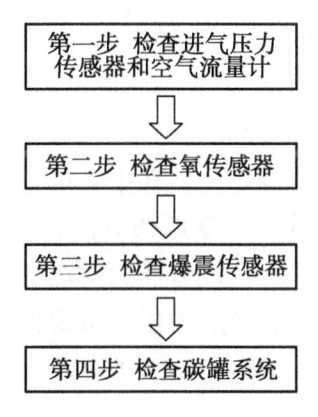

第一步 检查进气压力传感器和空气流量计
↓
第二步 检查氧传感器
↓
第三步 检查爆震传感器
↓
第四步 检查碳罐系统

项目步骤

第一步：检查进气压力传感器和空气流量计

主要检查传感器电路故障，包括线路及元件的检测。

理论链接 1：进气压力传感器的安装位置、功用及工作原理
1. 进气压力传感器的安装位置 进气压力传感器安装在进气歧管上或通过一根软管与进气管相连的发动机上其他部位（图 5-2）。进气压力传感器常和进气温度传感器安装在一起，称为进气压力温度传感器（下面以五菱鸿途 B12 发动机为例）。

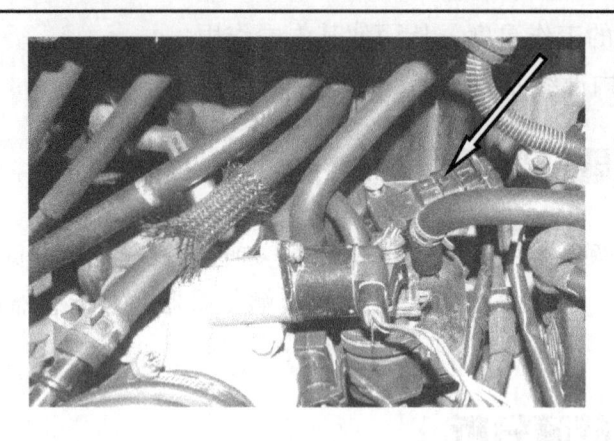

图 5-2　五菱鸿途 B12 发动机的进气压力传感器安装在发动机进气总管上

2. 进气压力传感器的作用

进气压力传感器感应进气管的绝对压力及进气温度信号，向 ECU 提供负荷参考信号及海拔高度补偿信号，根据进气歧管压力来间接地测量发动机吸入的空气量。而进气温度传感器测定进气温度，使 ECU 能够计算出真实的进气量，进而修正基本喷油量。有些车型如科鲁兹、雪佛兰采用进气压力传感器与空气流量计共同对进气量进行检测。

3. 进气压力传感器的工作原理

压力传感器元件主要为一片硅芯片，在中央蚀刻出压力膜片。压力膜片上有 4 个压每各电阻作为应变元件组成一个惠斯顿电桥。硅芯片的背面为参考真空，定值和整流电路也集成在硅芯片上。进气歧管压力的改变使压力膜片受力变形，压阻效应使电阻改变，通过芯片处理后，形成与压力呈线性关系的电压信号。温度传感器元件是一个负温度系数（NTC）的电阻，随进气温度变化，输送给控制器一个表示进气温度变化的电压。

4. 进气压力传感器电路组成及基本参数

五菱鸿途 B12 发动机进气压力传感器控制电路图如图 5-3 所示。

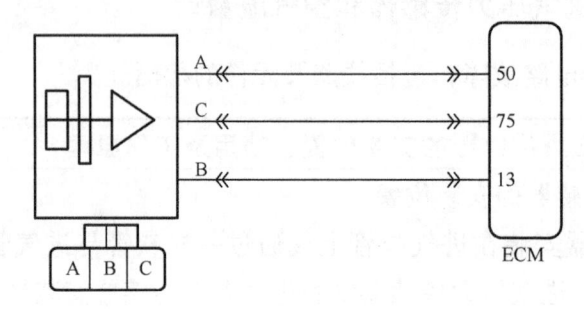

图 5-3　五菱鸿途 B12 发动机进气压力传感器控制电路图

（1）电源线：由 ECU 提供 5V 电源。

（2）信号线：根据进气压力的变化而输出变化的电压。其数值的变化参考进气压力传感器基本参数。

（3）搭铁线：搭铁线电压为 0V。

（4）进气压力传感器基本参数见表 5-1。

表 5-1 进气压力传感器基本参数

线号	线色	功能定义	检测参数 短路状态	检测参数 运行状态
A	灰绿	5V 传感器参考电源	5.0V	5.0V
B	绿黄	传感器搭铁	0V	0V
C	蓝黄	进气压力信号		静态：≥4.0V 怠速时：1.0~1.5V

实践操作 1：进气压力传感器电路检测

1. 进气压力传感器拆装

选择适当的工具对传感器进行拆装（图 5-4）。

2. 线路检测（参照检测条件和基本参数）

1）传感器 5V 基准电压的检测（图 5-5）

断开传感器插接器，用万用表电压挡检测。若检查传感器端不正常，则应进一步检查 ECU 端的 5V 输出是否正常；如正常，应则检测传感器与 ECU 连接线路是否断路；若仍不正常，则应检测或更换 ECU。

图 5-4 拆装进气压力传感器　　图 5-5 检测基准电压

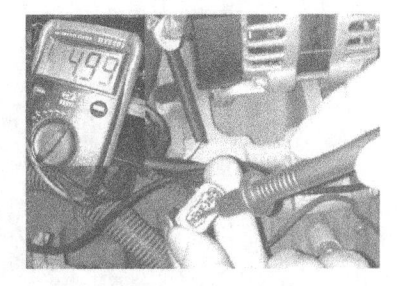

2）传感器信号电压的检测（图 5-6）

方法一：接上传感器连接器，接通点火开关，在静态下测量信号线与地线之间的电压应为 4V 左右，怠速时的电压应为 1.5V 左右，大负荷时的电压应为 4.5~5.0V。

方法二：诊断仪法。读取信号数据流，根据检测条件，观察仪器显示的数值变化是否正常。若不正常，则说明传感器电路可能有故障，应对相关线路和元件进行

3）传感器地线检测（图 5-7）

方法一：拔下传感器插接器，用试灯检测。试灯一端夹正极，一端接传感器地线，试灯应亮；试灯夹负极，则不亮。否则应检查该地线与 ECU 连接是否正常接地；如果正常，则应检查传感器与 ECU 之间的线路是否断路。

方法二：拔下传感器插接器，用万用表电压挡检测。万用表红表笔接正极，黑表笔接传感器地线，万用表读数为 12V；红表笔接负极，万用表读数为 0V。否则应检查该地线与 ECU 连接是否正常接地；如果正常，则应检查传感器与 ECU 之间的线路是否断路。

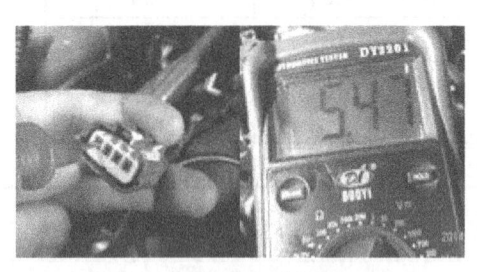

图 5-6 检测传感器信号电压

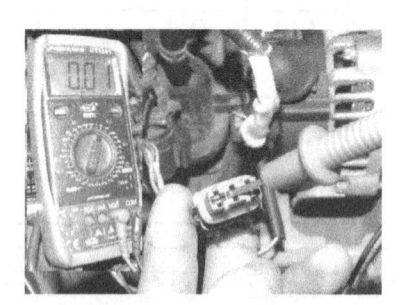

图 5-7 检测传感器地线

理论链接2：空气流量传感器的安装位置、功用及工作原理

1. 空气流量传感器的安装位置

一般情况下，空气流量传感器安装在进气滤清器后、节气门前（图 5-8）。空气流量传感器常和进气温度传感器安装在一起，称为空气流量/进气温度传感器（下面以雪佛兰科鲁兹发动机为例）。

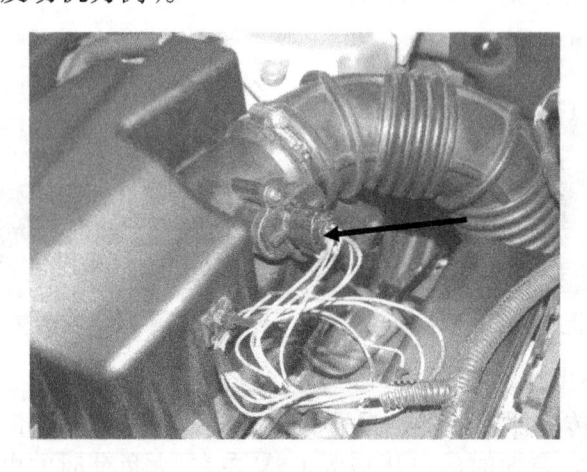

图 5-8 雪佛兰科鲁兹发动机空气流量传感器安装位置

2. 空气流量传感器的作用

空气流量传感器（Air Flow Sensor，AFS）又称空气流量计（Air Flow Meter，AFM），是进气歧管空气流量传感器（Manifold Air Flow Sensor，MAFS）的简称，其功用是检测发动机进气量的大小，并将空气流量信息转换成电信号输入电控单元（ECU），以供 ECU 计算确定喷油时间（即喷油量）和点火时间。

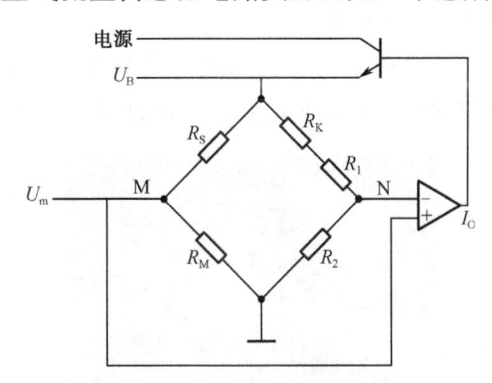

3. 热线和热膜式质量空气流量传感器的工作原理

目前，汽车发动机常用的空气流量传感器有热线和热膜式质量空气流量传感器。下面简单介绍这两种传感器的工作原理。

热线和热膜式质量空气流量传感器的工作原理相同。为了建立热线的热平衡，有两种方案：一种是恒电流方案，气流改变时热线温度相应改变，使得散失的热量不变；另一种是恒电阻方案，即恒温度方案，气流改变时电流相应改变，使得散失的热量也改变。因为恒电流方案的热线式质量空气流量传感器受电阻热时间常数的影响，由此会引起响应滞后，不能满足发动机控制的使用要求，所以采取恒电阻方案。恒电阻要求热线恒温度，而在空气温度已定的情况下，若热线恒温度，则热线与空气恒温度差。热膜式也采取恒电阻方案。

热线和热膜式质量空气流量传感器电路实际上是一个惠斯登电桥，如图 5-9 所示。

图 5-9 热线和热膜式质量空气流量传感器电路

雪佛兰科鲁兹空气流量/温度传感器控制电路如图 5-10 所示。

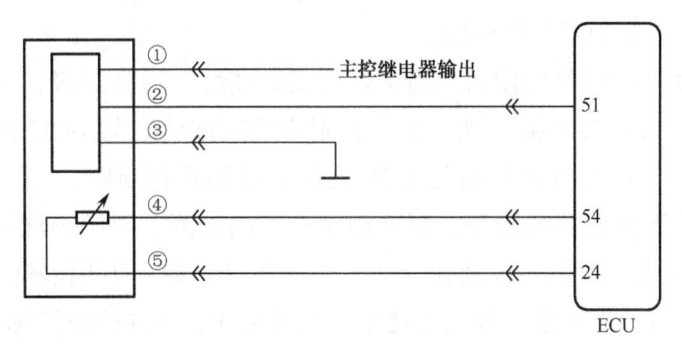

图 5-10 雪佛兰科鲁兹空气流量/温度传感器控制电路

实践操作2：空气流量传感器电路检测

1. 空气流量传感器拆装

选择适当的工具对传感器进行拆装（图5-11）。

2. 线路检测（参照检测条件和基本参数）

1）传感器电源线检测（图5-12）

断开传感器插接器，用万用表电压挡检测，电压值为12V。若检查传感器端不正常，则应进一步检查主控继电气输出是否正常。

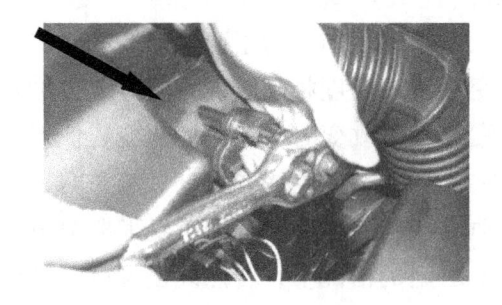

图5-11　拆装空气流量传感器　　　　图5-12　检测传感器电源线

2）传感器信号电压的检测（图5-13）

断开传感器插接器，用万用表电压挡检测，电压值为5V；发动机运行状态下，测量值约为2.5V。如不正常，则检查电源线、地址是否正常。

图5-13　检测传感器信号电压

3）传感器地线检测（图5-14）

方法一：拔下传感器插接器，用试灯检测。试灯一端夹正极，一端接传感器地线，试灯应亮；试灯夹负极，则不亮。否则应检查该地线与ECU连接是否正常接地；如果正常，则应检查传感器与ECU之间的线路是否断路。

方法二：拔下传感器插接器，用万用表电压挡检测。万用表红表笔接正极，黑表笔接传感器地线，万用表读数为12V；红表笔接负极，万用表读数为0V。否则应检查该地线与ECU连接是否正常接地；如果正常，则应检查传感器与ECU之间的线路是否断路。

3. 空气流量传感器检修方法

方法一：读取信号线数据流，根据检测条件，观察仪器显示的数值变化是否正常。若不正常则说明传感器电路可能有故障，应对相关线路和元件进行检测。

方法二：示波器法（图 5-15）。通过读取空气流量传感器波形可判断信号电压是否正常。信号输出波形应为方波。

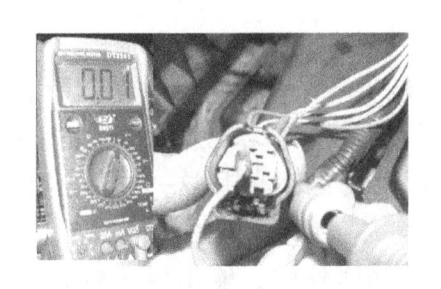

图 5-14 检测传感器地线　　图 5-15 示波器法

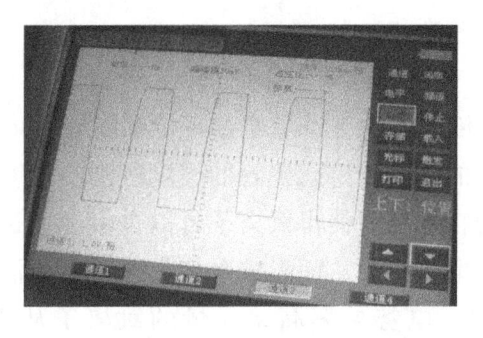

第二步：检查氧传感器

主要检查氧传感器电路故障，包括线路及元件的检测。

理论链接 3：氧传感器的安装位置、功用及工作原理

1. 氧传感器的安装位置

氧传感器安装在排气管上，三元催化转换器的前后，分为前后或主副氧传感器（早期许多车型只有前氧传感器），如图 5-16 所示。一些车型因具有双排气管，所以配有 4 个氧传感器。

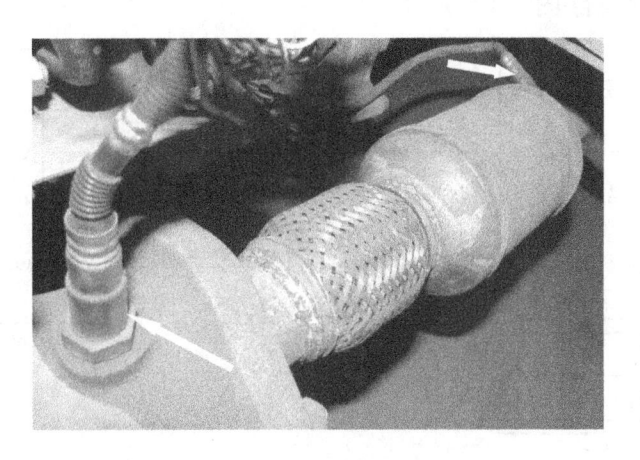

图 5-16 五菱 B12 发动机前后氧传感器

2. 氧传感器的作用

氧传感器检测尾气中的氧含量，并把氧含量转换成电压信号传递到发动机计算机，使发动机能够实现以过量空气系数为目标的闭环控制，使空燃比控制在 14.7 的最佳状态；确保三元催换转换器对排气中的碳氢化合物（HC）、一氧化碳（CO）和氮氧化合物（NO_x）三种污染物都有最高的转化效率，最大程度地进行排放污染物的转化和净化。

3. 氧传感器的工作原理

氧传感器的工作是通过将传感陶瓷管内外的氧离子浓度差转化成电压信号输出来实现的。当传感陶瓷管的温度达到 350℃时，即具有固态电解质的特性。由于其材质的特殊性，使得氧离子可以自由地通过陶瓷管。正是利用这一特性，将浓度差转化成电势差，从而形成电信号输出。若混合气体偏浓，则陶瓷管内外氧离子浓度差较大，电势差偏高，大量的氧离子从内侧移到外侧，输出电压较高（800~1000mV）；若混合气偏稀，则陶瓷管内外氧离子浓度差较小，电势差较低，仅有少量的氧离子从内侧移动到外侧，输出电压较低（接近 100mV）。信号电压在理论当量空燃比（$\lambda=1$）附近发生突变。

闭环控制基本原理：当实际空燃比比理论空燃比小时，氧传感器向 ECU 输入高电压信号（0.75~0.9V）。此时 ECU 减小喷油量，空燃比增大。当空燃比增大到理论空燃比时，氧传感器输出电压信号将突变至 0.1V 左右，ECU 立即增加喷油量，空燃比减小。如此反复，就能将空燃比精确地控制在理论空燃比附近一个极小的范围内。混合气浓→电压高→ECU 减少喷油→混合气稀→电压低→ECU 增加喷油→混合气浓。形成闭环控制，要求控制变化次数为 4~8 次/10 秒。

氧传感器控制电路图 5-17 所示。

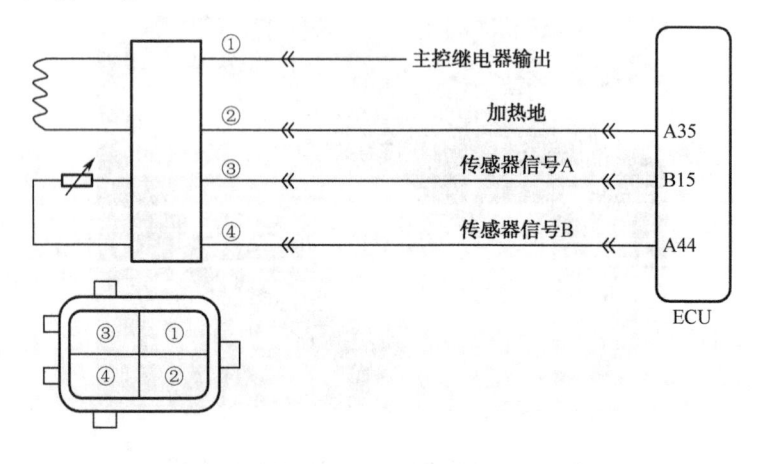

图 5-17 五菱 B12 发动机前氧传感器控制电路

实践操作3：氧传感器的检测（以前氧传感器为例）

1. 线路检测

1）传感器电源线检测（图 5-18）

2. 关闭点火开关，断开传感器插接器，打开点火开关，电压为 12V。

2）传感器控制线检测（图 5-19）

拔下传感器的插头，打开点火开关，此时电压约为 4.2V。

图 5-18 检测电源线　　图 5-19 检测控制线

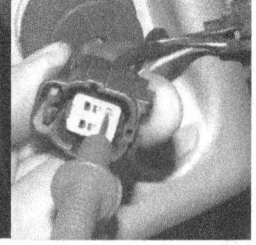

3）传感器信号线检测（图 5-20）

图 5-20 检测信号线

拔下传感器的插头，打开点火开关，此时电压约为 0.45V。

使发动机高速运转，直到氧传感器的工作温度达到 400℃ 以上再维持怠速运转，测量氧传感器输出信号电压在 0.1～0.9V 间变化。

注意：加速时应输出高电压信号，减速时应输出低电压信号。可通过检测仪观察数据的变化。

4）传感器地线检测（图 5-21）

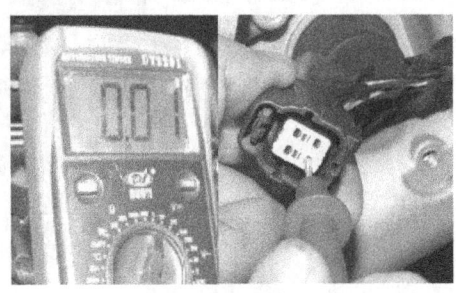

图 5-21 检测地线

拔下传感器的插头，打开点火开关，此时电压为0V。

2. 加热线圈电阻检测

检测加热线圈电阻，约为9.5Ω。注意：对于采用脉冲加热的氧传感器，阻值为4.5~6Ω；对于采用直接加热的氧传感器，阻值为11~18Ω。

3. 故障诊断与检测

1）诊断仪法

（1）读取故障码，检查有无氧传感器故障记录。

（2）读取数据流。运行发动机至正常怠速，用诊断仪观测传感器电压变化情况，一般在0.1~0.9V间变化，若不正常则说明传感器可能有故障。

2）电压法

运行发动机至正常温度，用万用表测量传感器的输出电压，应在0.1~0.9V之间快速变化。

拔下进气管上的某一真空管，A/F变大，电压下降为0.1V（趋势）。

堵住空气滤清器的管口，A/F变小，电压上升为0.9V（趋势）。

如电压持续偏高，则说明混合气过浓或传感器被污染损坏。若电压持续偏低，说明混合气过稀或传感器故障。若电压总在中间值，则说明可能是氧传感器损坏。

3）示波器法

对于前氧传感器的波形，一般最大电压大于0.8V，最小电压小于0.2V，以0.45V为基准上下波动，在10s内出现的波动应在3~6次。

对于后氧传感器的波形，电压较为稳定，呈现较平缓的正弦变化。但也有些车型因选用的氧传感器的类型不一样，同时由于安装部位的特点，后氧传感器的电压在高电压段及低电压段都要持续较长的时间才变化。

第三步：爆震传感器的检测

理论链接4：爆震传感器的安装位置、功用及工作原理

1. 爆震传感器的安装位置

爆震传感器一般安装在缸体侧面中间位置，如图5-22所示。

图5-22 爆震传感器的安装位置

2. 爆震传感器的作用

爆震传感器的作用是检测发动机工作时是否产生爆震,并且根据爆震传感器的信号调整点火时刻,使汽油发动机工作在临界爆震状态。

3. 爆震传感器的工作原理

汽车欲进行急加速,必须有良好的供油能力及点火能力,即合理的空燃比及准确的点火正时;同时在机械方面还应具备正确的配气正时、足够及均匀的汽缸压力、良好的进排气系统等。从最佳点火提前角的分析可知,为了最大限度地发挥汽油机的潜能,应把点火提前角控制在接近临界爆震点,同时又不能使发动机发生爆震。

发动机的汽缸体出现振动时,爆震传感器在 7kHz 左右与发动机产生共振,强磁性材料铁芯的导磁率发生变化,致使永久磁铁穿过铁芯的磁通密度也变化,从而在铁芯周围的绕组中产生感应电动势,并将这一电信号输入 ECM。

各种电子控制的点火系统虽不一样,但一般都有一个共性,即从发动机 ECU 上都有一个点火正时信号的输出。良好的点火系统采用的是闭环控制,即在点火系统中增加一个爆震传感器来检测点火系统的点火时间是否合理,从而准确地控制点火的时间。

防止爆震的产生还应注意以下问题:

(1) 不使用劣质的燃油和润滑油;

(2) 应定期检查点火正时和配气正时;

(3) 冷却系工作正常,冬夏季都使用高沸点的冷却液,防止水垢的产生和发动机过热。

(4) 定期清除缸内积炭,可使爆燃产生的概率降低。

4A91 发动机爆震传感器控制电路如图 5-23 所示。

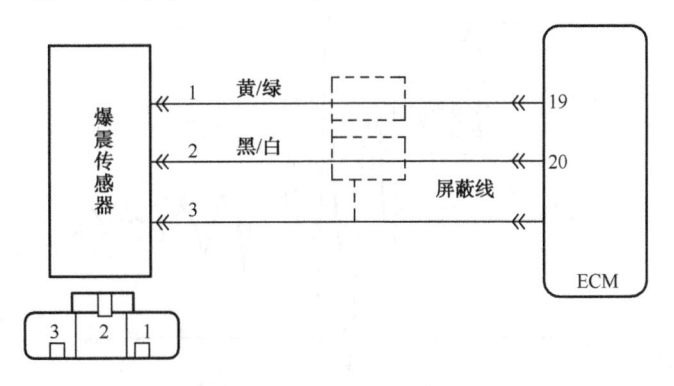

图 5-23 4A91 发动机爆震传感器控制电路

KNK 的屏蔽网线:因电压元件产生的电压值较低 (1V),为防止高压电磁波的放射干扰,多将信号线用屏蔽网线保护起来,它也必须可靠搭铁。

实践操作4：爆震传感器的拆装和检修

1. 爆震传感器的拆装

爆震传感器的中间有孔，用一个M8的螺栓紧固在汽缸体上。对于铝合金的汽缸体，采用30mm长的螺栓；对于铸铁的汽缸体，采用25mm长的螺栓。拧紧力矩为20±5N·m。注意不要让各种液体如机油、冷却液、制动液、水等长时间接触到传感器。安装时不允许使用任何类型的垫圈。传感器必须以其金属面紧贴在汽缸体上。传感器的信号电缆在布线时应该注意，不要让信号电缆发生共振，以免断裂。

2. 爆震传感器的检修

1）诊断仪法

用诊断仪读取故障码，检查有无爆震传感器故障记录。

2）电压法

怠速时，正常电压值≤0.5V，在振动频率为7kHz左右时有1V的电压输出。

3）电阻法

爆震传感器的电阻值≥1MΩ，敲击时应有微量的电压产生。

注意：对于压电式爆震传感器，电阻值应为∞（不导通）；若为0Ω（导通），则须更换爆震传感器。对于磁致伸缩式爆震传感器，还可用万用表电阻挡检测线圈的电阻，其阻值应符合规定值（具体数据见具体车型维修手册），否则应更换爆震传感器。

4）用示波器检测信号波形

（1）动态检测。

波形的峰值电压（峰高或振幅）和频率（振动的次数）将随发动机的负载和转速而增加。如果发动机因点火过早、燃烧温度不正常、排气再循环不正常等产生燃烧或敲击声，其幅度和频率也会增加。

（2）静态检测。

打开点火开关，不起动发动机，用一些金属物敲击发动机（在传感器附近）。在敲击发动机之后，在屏幕上应马上显示一次振动。敲击越重，振动幅度就越大（图5-24）。

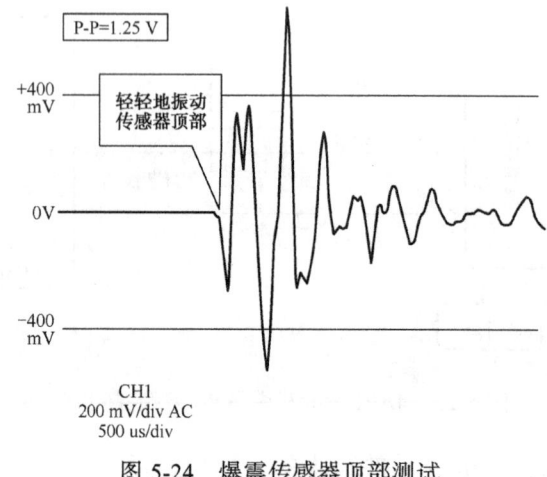

图5-24 爆震传感器顶部测试

第四步：检查碳罐系统

理论链接 5：碳罐系统的作用、组成及工作原理

1. 碳罐系统的作用

碳罐系统也叫燃油蒸气处理装置（EVAP）系统，其作用是防止汽油箱向大气排放燃油蒸气而产生污染，用碳罐吸收并储存燃油蒸气。

2. 碳罐系统的功能、组成及工作原理

1）功能

（1）使用燃油蒸发系统是为了减少从燃油系统排放到大气中的碳氢化合物。通过碳罐中的活性炭可以有效地减少碳氢化合物的排放。

（2）燃油箱蒸发的蒸气通过燃油箱蒸气控制阀和蒸气管/软管被暂时储存在碳罐内。

（3）当发动机未运转或向油箱加油时，从密封的油箱中蒸发出的燃油蒸气被导入内有活性炭的碳罐中并被储存在那里。

（4）当发动机运转时，碳罐中的燃油蒸气通过清洁管路被带入进气歧管。碳罐清洁量控制电磁阀由 ECU 控制。当发动机工作时，由碳罐清洁量控制电磁阀控制的蒸气流量随着空气流量的增加而成正比地调整。

（5）减速和怠速时，碳罐清洁量控制电磁阀会关闭蒸气清洁管路。

（6）燃油蒸气控制阀铆接在油箱上，能防止燃油蒸气超标准排放到碳罐内。

2）组成

发动机碳罐系统组成如图 5-25 所示。

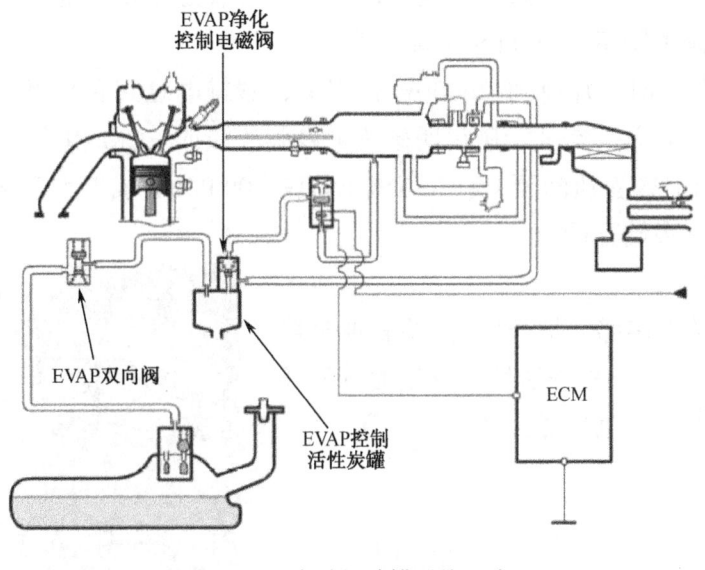

图 5-25 发动机碳罐系统组成

3）工作原理

活性炭罐内充满了活性炭粒。活性炭可以吸收汽油蒸气中的汽油分子。当油箱内的汽油蒸气经管道进入蒸气回收罐时，蒸气中的汽油分子被吸附在活性炭表面，剩下的空气则经蒸气回收罐的出气口排到大气中。

蒸气分离阀安装在油箱的顶部，油箱内的汽油蒸气从该阀出口经管道进入蒸气回收罐，该阀的作用是防止汽车翻倾时油箱内的燃油漏出。当发动机运转时，如果电磁阀开启，则在进气管内真空吸力的作用下，空气经蒸气回收罐下方进入，经过活性炭从上方出口经软管进入发动机进气管,使吸附在活性炭表面的汽油分子又重新蒸发，随空气一起被吸入发动机燃烧。

碳罐电磁阀控制电路如图 5-26 所示。

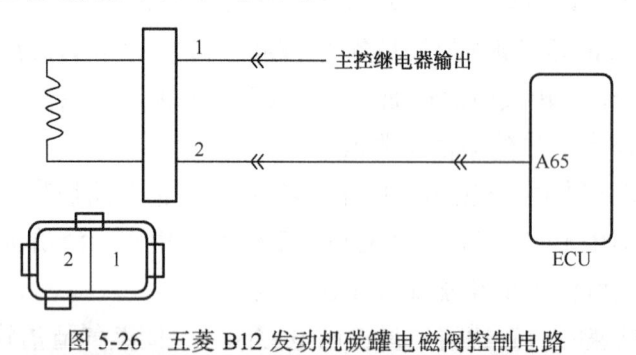

图 5-26　五菱 B12 发动机碳罐电磁阀控制电路

实践操作 5：碳罐系统检修

碳罐电磁阀常见故障有：排放超标、怠速不良、加速不良。

（1）怠速时，碳罐电磁阀不导通，碳罐出气管口处无真空度。如有真空度，则说明碳罐电磁阀关闭不严或 TPS 位置失准。

（2）中等负荷时，加速到 2000r/min 以上，碳罐电磁阀有开闭动作声，出气管口处有真空度。若无真空度，则说明碳罐电磁阀故障或 ECM 相关电路有故障。

（3）碳罐有时效变质问题，通常当汽车行驶 100 00km 或涉水后碳罐会变质，多为结块变质，失去储存能力。

1. 外观检查

检查油管及连接部分是否松动；检查油箱盖垫圈及阀门有无损坏；检查活性炭罐表面有无开裂损坏，如有开裂，则应更换（图 5-27）。

图 5-27　外观检查

2. 就车检测

怠速检测：起动发动机，达到正常工作温度（发动机水温 80~95℃），并使之怠速（700~800r/min）运转。拔下蒸气回收罐上的真空软管，检查软管内有无真空吸力。电磁阀不工作时，或拔下碳罐电磁阀连接器时，应无真空吸力。否则，应进一步检查或更换碳罐。

加速检测：踩下加速踏板，使发动机转速大于 2000r/min，上述软管内应有吸力。若无吸力，应检查电磁阀线束插头内电源电压，若电压正常，说明电磁阀有故障；若电压异常或无电压，说明电脑或控制线路有故障。

3. 检查电磁阀

（1）检查电磁阀电阻，应为 20~28Ω。若电阻值不符，应更换（图 5-28）。

（2）检查线路电压检查电磁阀电源电压和控制信号，如图 5-29 和图 5-30 所示，电源线约为 12V，控制线约为 4.5V左右。

图 5-28　检查电磁阀电阻

图 5-29　电源线

图 5-30　控制线

4. 燃油蒸发排放单向阀的检查

检查方法如下：

（1）拆下油位传感器，拔下其插头，拆下通往碳罐的蒸发排放通风管。

（2）用手泵给通风管加压，在压力为30kPa时，通风阀应打开。

（3）保持压力几分钟，再检查，压力应下降至小于1.7kPa。

（4）若不符合上述要求应更换。

第五步：检查三元催化转换器

理论链接6：三元催化转换器的作用、工作原理和安装位置

1. 三元催化转换作用

三元催化转换器（TWC）安装在排气管中部，其功能是利用转换器中的三元催化剂，将发动机排出废气中的有害气体转变为无害气体。

三元催化转换器中主要起作用的是三元催化剂，它是铂和铑的混合物，它促使有害气体HC、CO和NO_x发生反应，生成无害的CO_2、N_2和H_2O。其损坏后将造成不易起动和排放不合格等故障。

2. 三元催化转换器的工作原理

发动机排出的废气流经三元催化转换器时，三元催化剂不仅可使废气中的有害气体HC和CO进一步氧化，生成无害气体CO_2和H_2O；而且能促使废气中的NO_x与CO反应生成无害的CO_2和N_2（图5-31）。催化转换器工作时温度很高，作业时应防止烫伤。

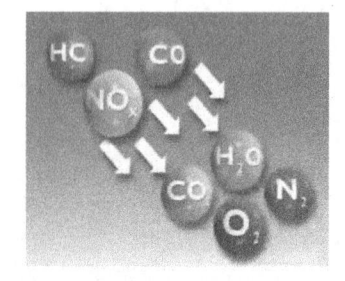

图5-31 三元催化转换器的工作原理

3. 发动机燃烧过程中的空燃比反馈控制

安装在排气管上的三元催化器能将发动机排出的废气中的CO、HC、NO_x净化，但只有当空燃比在14.7左右，且三元净化器达到一定的工作温度（800℃）时净化效率最佳，为此在排气管或排气歧管上安装氧传感器，对理论空燃比进行精确的反馈控制。三元催化器前后各装有一个氧传感器，分别提供表示催化净化前后的排气中氧含量的输出电压。在三元催化器前方安装的氧传感器,称为主氧传感器;在三元催化器后方安装的氧传感器,称为副氧传感器。主氧传感器检测排气中的氧含量,以确定实际空燃比比理论空燃比(14.7)小或大,并向发动机 ECU 反馈相应电压信号。发动机 ECU 根据主氧传感器反馈的空燃比信号,修正喷油量。副氧传感器检测三元催化净化器的净化能力。通过两个传感器的电压差就可以测量出三元催化转换器转换废气的能力。主副氧传感器的安装位置如图 5-32 所示。

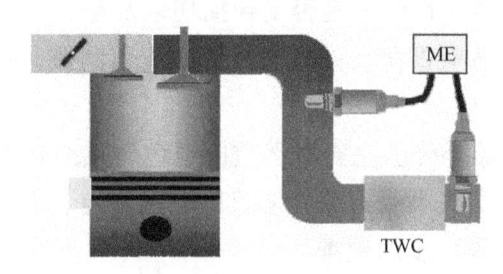

图 5-32 主副氧传感器的安装位置

4. 三元催化转换器的安装位置

三元催化转换器的安装位置如图 5-33 所示。

一般安装于排气系统消声器前后

催化转换器

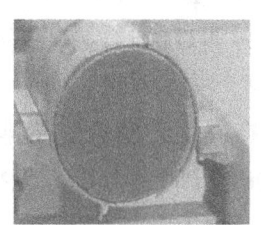

铂(或钯)和铑的混合物

图 5-33 三元催化转换器的安装位置

5. 使用三元催化器的发动机应注意的事项

(1)装有三元催化器的汽车,应当避免发动机烧机油和劣质汽油,也不能使用含铅汽油。即使只使用了一箱含铅汽油,也会造成三元催化器铅中毒,催化器中毒会导致尾气排放超标,应尽量选择到中石油、中石化这些大型加油站加油。

(2)不要长时间怠速运转,应定期清洗和检查喷油器,以免喷油器雾化不良、喷油不均、混合气过浓。

(3)点火时间不宜过迟,点火时间过迟易造成燃烧不良和高温。

(4)应保证各缸火花塞工作良好并避免点火次序错乱、断火等,以免排气温度过高影响催化器的效能。三元催化器开始起作用的温度在200℃左右,最佳工作温度在400~800℃,而超过1000℃后作为催化剂的贵金属自身也会发生化学变化,从而使催化器内的有效催化剂成分降低,导致催化器作用减弱。

实践操作6:三元催化转换器的检修

1. 外观检查

(1)检查催化转换器在行驶中是否受到损伤以及是否过热;将车辆升起之后,观察催化转换器表面是否有凹陷,如有明显的凹痕和刮擦,则说明催化转换器的载体可能受到损伤。

(2)观察催化转换器外壳上是否有严重的退色斑点或略有青色和紫色的痕迹,在催化转换器防护罩的中央是否有非常明显的暗灰斑点;如有,则说明催化转换器曾处于过热状态,须做进一步的检查。

(3)用橡皮锤敲击并晃动催化转换器,如果听到有物体移动的声音,则说明其内部催化剂载体破碎,需要更换催化转换器。同时要检查催化转换器是否有裂纹,各连接处是否牢固,各类导管是否有泄漏,如有则应及时加以处理。此方法简单有效,可快速检查催化转换器的机械故障。

由于催化剂载体破损剥落、油污聚集,容易阻塞载体的通道,使流动阻力增大,因此可通过测量其压力损失来进行检查。

2. 背压试验

在催化转换器前端排气管的适当位置上接一个压力表,起动发动机,在怠速和2500r/min时,分别测量排气背压。

(1)正常情况下排气背压不低于31kPa。如果排气背压不超过发动机所规定的限值,则表明催化剂载体没有被阻塞。

(2)若排气背压超过发动机所规定的限值,则须将催化转换器后端的排气系统拆掉,重复以上的试验。

(3)若催化转换器阻塞,排气背压将超过发动机所规定的限值。

(4)排气背压下降,则说明消声器或催化转换器下游的排气系统出现问题,破碎的催化剂载体滞留在下游的排气系统中,所以首先进行外观检查确认催化剂载体完整是非常必要的。对有问题的排气管、消声器和催化转换器也可通过测量其前后的压力损失来检查。

3. 真空试验

正常发动机进气歧管的真空度为57~70kPa。将真空表接到进气歧管上,起动发动机,使其转速从怠速逐渐升至2500r/min,观察真空表读数的变化。如果这时真空度下降,则保持发动机转速2500r/min不变;若此后真空表读数明显下降,则说明催化转换器有阻塞。

因为催化转换器的阻塞在真空试验中是一个渐变的过程，而此试验是一个稳态的过程（2500r/min），真空度读数不会产生明显的下降。如果是在试验室进行一个催化转换器阻塞前后的对比检查，催化转换器阻塞后，进气歧管真空度会发生明显下降，如果进气歧管真空度下降，并不能完全说明是由催化转换器阻塞造成的。发动机供油量减少时，进气歧管的真空度也会下降。因此与真空试验相比，排气背压试验更能反映催化转换器的情况。

以上方法只能检查催化转换器机械故障，催化转换器的性能好坏，也就是其转化效率的高低，则常用以下方法检查判断。

4. 加热法

催化转换器在正常工作状态下，由于氧化反应会产生大量的反应热，因此可通过温差对比来判断催化转换器性能的好坏。方法如下。

起动发动机，预热至正常工作温度，将发动机转速维持在 2500r/min 左右，将车辆举升，用红外线测温仪（接触式或非接触式红外线激光温度计）测量催化转换器进气口和出气口的温度，要尽量靠近催化转换器（50mm 内），如图 5-34 所示。催化转换器出气口的温度应至少高于进气口温度 10%。大多数正常工作的催化转换器，其出气口的温度高于进气口温度 20%~25%。如果出气口温度值低于以上范围，则说明催化转换器工作不正常，须更换；如果出气口温度值超过以上范围，则说明废气中含有异常高浓度的 CO 和 HC，须对发动机本身做进一步的检查。

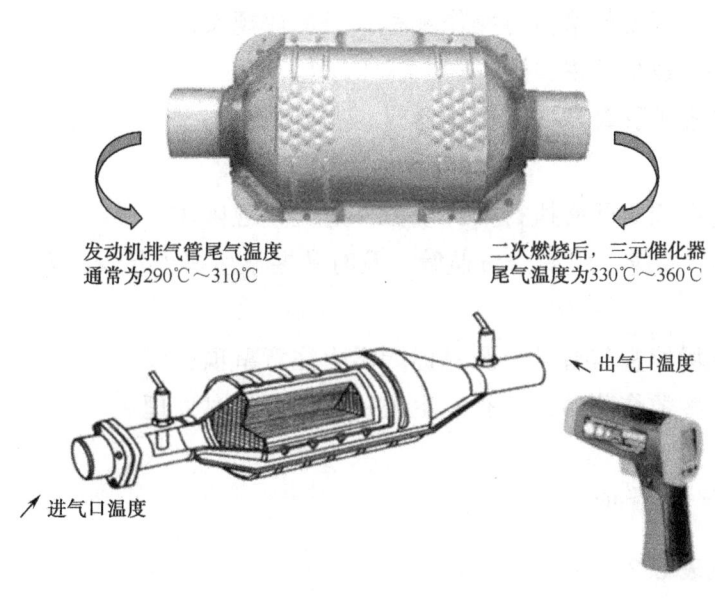

图 5-34 加热法检测三元催化器示意图

5. 利用氧传感器波形检修

目前的车辆大都在三元催化器前后装有氧传感器,我们也可以利用氧传感器电压在示波器中波形的对比,对上、下游氧传感器的信号波形进行分析,从而判断催化器是否堵塞。图 5-35 中左侧就是正常的示波器信号,右侧是故障车辆的下游氧传感器示波器信号。

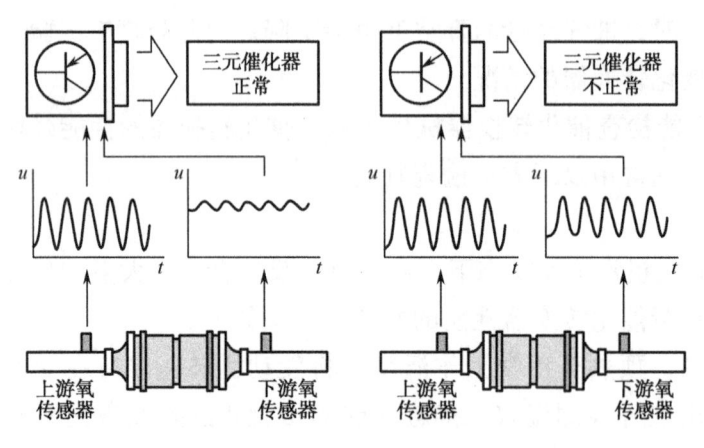

图 5-35 利用氧传感器波形变化检测三元催化器

项目预案

问题一:检查进气压力传感器时,有可能损坏传感器密封圈。

解决措施:

(1)操作前强调要严格执行操作规程,避免违规操作;

(2)准备一定数量的密封圈。

问题二:检查排气管及三元催化器时,有可能烫伤手。

解决措施:

(1)操作前强调要严格执行操作规程,避免违规操作;

(2)操作时,安排小组安全员监管,及时掌握学生操作情况,及时制止不安全操作行为;

(3)加强现场检查与指导,及时提醒学生注意事项;

(4)准备一些烫伤药品,若有学生被烫伤,可及时处理。

项目评价(1学时)

评价标准见表 5-2。

项目 五 发动机动力下降、油耗高故障

表 5-2 评分表

项目编号：

姓名：_____ 学号：_____

作业开始时间：___时___分 作业结束时间：___时___分 作业用时：____

序号	项目	评分项目	评价标准	分数	学生自评	小组互评	教师评价
1	时间要求	按规定时间完成项目作业	酌情扣 1~5 分	5			
2	质量要求	选用工具恰当	酌情扣 1~5 分	5			
3		能正确检查进气压力传感器工作情况		15			
4		能正确检查氧传感器信号		20			
5		能正确检查爆震传感器的好坏		20			
6		能对碳罐系统进行检修		10			
7		能判断三元催化器的工作情况		15			
8		及时清理工具和工作现场	酌情扣 1~10 分	10			
总分				100			

※发生重大事故（人身和设备安全事故），有违反维修原则和情节严重的野蛮操作等，采取一票否决制。

项目拓展

（1）氧传感器还有哪些类型？又是如何工作的？

（2）空气流量计有哪些类型？如何判断其好坏？

读者意见反馈表

书名：汽车电控发动机构造与维修　　主编：罗柳健　黄懿　　　　责任编辑：杨宏利

> 感谢您购买本书。为了能为您提供更优秀的教材，请您抽出宝贵的时间，将您的意见以下表的方式（可发 E-mail :yhl@phei.com.cn 索取本反馈表的电子版文件）及时告知我们，以改进我们的服务。对采用您的意见进行修订的教材，我们将在该书的前言中进行说明并赠送您样书。

个人资料

姓名＿＿＿＿＿＿　电话＿＿＿＿＿＿　手机＿＿＿＿＿＿　E-mail＿＿＿＿＿＿＿＿＿＿＿＿＿

学校＿＿＿＿＿＿＿＿＿＿＿＿＿＿　专业＿＿＿＿＿＿　职称或职务＿＿＿＿＿＿＿＿＿＿＿

通信地址＿＿＿＿＿＿＿＿＿＿＿＿＿＿＿＿＿＿＿＿　邮编＿＿＿＿＿＿＿＿＿＿＿

所讲授课程＿＿＿＿＿＿＿＿＿＿　所使用教材＿＿＿＿＿＿＿＿＿　课时＿＿＿＿＿＿

影响您选定教材的因素（可复选）

□内容　□作者　□装帧设计　□篇幅　□价格　□出版社　□是否获奖　□上级要求

□广告　□其他＿＿＿＿＿＿＿＿＿＿＿＿＿＿

您希望本书在哪些方面加以改进？（请详细填写，您的意见对我们十分重要）

＿＿

＿＿

＿＿

＿＿

您希望随本书配套提供哪些相关内容？

□教学大纲　□电子教案　□习题答案　□无所谓　□其他＿＿＿＿＿＿＿＿＿＿＿＿＿＿

您还希望得到哪些专业方向教材的出版信息？

＿＿

您是否有教材著作计划？如有可联系：010-88254587

＿＿

您学校开设课程的情况

本校是否开设相关专业的课程　□否　□是

如有相关课程的开设，本书是否适用贵校的实际教学＿＿＿＿＿＿

贵校所使用教材＿＿＿＿＿＿＿＿＿＿＿＿＿＿＿＿　出版单位＿＿＿＿＿＿＿＿＿＿＿

本书可否作为你们的教材　□否　□是，会用于＿＿＿＿＿＿＿＿＿课程教学

谢谢您的配合，请将该反馈表寄到下面地址，或发 E-mail :yhl@phei.com.cn 索取电子版文件填写。

通信地址：北京市万寿路 173 信箱　　杨宏利　收　　电话：010-88254587　　邮编：100036

反侵权盗版声明

电子工业出版社依法对本作品享有专有出版权。任何未经权利人书面许可，复制、销售或通过信息网络传播本作品的行为，歪曲、篡改、剽窃本作品的行为，均违反《中华人民共和国著作权法》，其行为人应承担相应的民事责任和行政责任，构成犯罪的，将被依法追究刑事责任。

为了维护市场秩序，保护权利人的合法权益，我社将依法查处和打击侵权盗版的单位和个人。欢迎社会各界人士积极举报侵权盗版行为，本社将奖励举报有功人员，并保证举报人的信息不被泄露。

举报电话：（010）88254396；（010）88258888
传　　真：（010）88254397
E-mail：　dbqq@phei.com.cn
通信地址：北京市海淀区万寿路173信箱
　　　　　电子工业出版社总编办公室
邮　　编：100036